Marketing de medios sociales

Una guía para la creación de marcas usando Instagram, YouTube, Facebook, Twitter, y Snapchat, incluyendo consejos específicos sobre marcas personales para principiantes

Índice de Contenido

Primera Parte: Marketing en Redes Sociales

Una Guía Esencial para Construir una Marca Usando Facebook, YouTube, Instagram, Snapchat y Twitter, Incluyendo Consejos sobre Marca Personal, Publicidad, e Influencers

Introducción

Usted sabe por qué está aquí. Es consciente de la importancia del marketing en redes sociales y su potencial en 2021, y quiere usar esta asombrosa herramienta para crear estrategias de contenido para lograr el reconocimiento de su marca y más ventas. ¿Pero cómo hacer eso exactamente, y por dónde empezar?

En este libro encontrará consejos y trucos actualizados, así como estrategias de expertos que ayudarán a su marca a dejar su huella en las plataformas de redes sociales durante este año. Aunque contiene algunos enfoques avanzados, es una lectura sencilla que le ayudará a maniobrar sin esfuerzo a través de los trucos más difíciles.

Hoy en día todo negocio se vuelca a las redes sociales para acelerar su desempeño y atraer a más clientes, lo cual es sabio. Pero están sucediendo tantas cosas con las plataformas de redes sociales en este momento, como la introducción de nuevas funciones cada año, las marcas usando máxima creatividad para atraer a sus seguidores, y el auge de nuevas compañías e influencers que forjan sus nichos, que puede sentirse abrumador tratar de destacar en un mercado tan saturado. Aquí es donde este libro viene a su rescate. Cada página consiste en tácticas bien versadas que cambiarán la forma en que interactúa con sus clientes, ayudándole a crear una imagen de marca que de otra forma no hubiera imaginado.

Si recién está comenzando, o simplemente pensando en comenzar, con marketing en redes sociales, quizás no conozca la importancia de esas plataformas. Es posible que también se haya preguntado "¿son las redes sociales realmente importantes para mi negocio?". La respuesta a esa pregunta es siempre "¡sí!". El marketing en redes sociales es necesario para todas las disciplinas que prosperan hoy en día. Por otro lado, si usted es un especialista en marketing destacado, o un emprendedor familiarizado con el mundo de las redes sociales, ya sabe que la mayoría de sus clientes las utilizan, y le ofrecen la oportunidad de generar más ventas. Entonces, ¿por qué no utilizar esas herramientas gratuitas a su favor?

Las redes sociales pueden proveer muchos beneficios a usted y a su marca, algunos de ellos incluyen construir una imagen de marca, expandir los productos y principios de su marca por el mundo, liberar su potencial creativo, ofrecer un mejor servicio al cliente, mostrar la autenticidad de su marca, y construir su presencia en el mundo digital de la actualidad. Su sitio web y cuentas de redes sociales son las primeras cosas que sus clientes revisarán antes de confiar en sus productos y servicios, y ha llegado al libro correcto para ayudarlo a crear esa gran primera impresión en línea.

Es tiempo de tomar a las redes sociales más en serio y pensar en ellas como algo más que una moda pasajera. No es de extrañar que existan cursos especializados en el ámbito, y ofertas de trabajo que solicitan administradores y estrategas de redes sociales para hacerse cargo del departamento de redes sociales de una compañía. Este libro le ayudará a comprender muchos consejos de profesionales que le permitirán manejar el marketing en redes sociales de su marca sin tener que contratar equipos de expertos. Al usar este lienzo en blanco, podrá crear su propia comunidad o culto y seguir su propio estilo mientras lo hace. Lo guiará a través de los desafíos de presentar el mejor contenido que tiene para ofrecer.

Continúe leyendo para sobresalir en el marketing en redes sociales y construcción de marca en 2021, con este completo plan para el éxito.

Capítulo 1: ¿Por Qué las Redes Sociales (Aún) Son Importantes?

En cualquier día, en cualquier momento, siempre encontrará personas mirando sus teléfonos, navegando a través de las redes sociales. Las redes sociales se han convertido en un mundo virtual al que muchas personas escapan, y estas son personalizadas de acuerdo a las personas y páginas que la gente escoge seguir. Entonces, si usted se pregunta por qué las redes sociales son importantes, aquí hay algunos datos que ayudarán a zanjar el asunto. ¿Por qué las redes sociales? Bien, porque el uso de las redes sociales alrededor del mundo está en constante crecimiento. Desde 2004, el número de usuarios ha aumentado cada año, haciéndolas un recurso fácil que debe ser aprovechado. Se sorprendería al saber que, en 2019, el número de usuarios de Internet aumentó en un sorprendente 9,1 por ciento hasta un total de 4.388 millones de usuarios. ¿Se imaginaría tener a todas esas personas al alcance y no intentar aprovecharlas al máximo para su negocio? No solo eso, también de esos usuarios de internet, 3.484 millones estaban en redes sociales, un 9 por ciento más que en el año anterior. Una de las principales razones de por qué las redes sociales son tan accesibles, es porque los teléfonos inteligentes han hecho posible que las personas puedan acceder a cualquier aplicación solo con presionar un botón.

Entonces, la siguiente pregunta que debe hacerse aquí es: *¿Cómo pueden las redes sociales ser beneficiosas para un negocio?* Bien, continúe leyendo para aprender acerca de las ventajas de usar redes sociales para fines profesionales.

Conectando con Potenciales Clientes

Una de las mejores maneras para familiarizar a los clientes con su empresa y con lo que tiene para ofrecer es a través de redes sociales. Con tantas personas usando las redes sociales cada día, es fácil dirigirse a sus clientes y alcanzarlos donde es más probable que se encuentren; en plataformas de redes sociales. Una persona promedio pasa al menos dos horas y 22 minutos por día en redes sociales, navegando a través de su feed, enviando mensajes a sus amigos, y tratando de publicar la foto perfecta del desayuno.

Debido a la cantidad de tiempo que se pasa en las redes sociales, estas se han convertido en un recurso vital que puede aprovecharse para alcanzar al público adecuado. Dependiendo de su público objetivo y del producto o servicio que ofrece su empresa, la importancia de cada plataforma será diferente para encontrar clientes potenciales. Sin embargo, para mantener una imagen sólida, debe tener una sólida presencia en línea, lo que nos lleva al siguiente punto.

Mejorando Su Reputación

Imagine navegar por su feed, y aparece una publicación patrocinada de algo que realmente le interesa. ¿Qué es lo primero que hace? Hacer clic en la publicación y echar un vistazo a la cuenta, por supuesto. En esa fracción de segundo, el número de seguidores que tenga su cuenta comercial tendrá un fuerte impacto en si el usuario continuará o no desplazándose por su feed.

Lamentablemente, las redes sociales le han dado al usuario la habilidad de juzgar un libro por su portada. En este caso, el número de seguidores y publicaciones, la cantidad de interacciones, y la apariencia general de sus cuentas de redes sociales. Estas serán instantáneamente una indicación de qué tan legítimo es su negocio y si vale la pena tomarse el tiempo de revisar o no su feed. Es triste que se haya llegado a esto, pero es lo que es, y como el dueño de un negocio, debe asegurarse que su presencia en línea sea una buena indicación de su confiable negocio. Debe asegurarse que su presencia online sea lo suficientemente sólida para lograr que los potenciales clientes se queden.

Marketing en Redes Sociales

¿Sigue existiendo el marketing en redes sociales? ¡Sí! Y sigue siendo tan eficaz como siempre. Sin embargo, antes de invertir en marketing en redes sociales, debe familiarizarse con dos cosas: entender el algoritmo de la plataforma que está usando para publicitar, y optimizar las herramientas a su favor dirigiéndose correctamente a la audiencia para alcanzar los datos demográficos, edad, género y otras especificaciones que puede usar para filtrar su audiencia.

Con el marketing en redes sociales, podrá alcanzar a una gama más amplia de usuarios con mejores apuestas, ya que está más orientado y dirigido a usuarios reales que parecen encajar en el perfil correcto. No solo eso, sino que también es un medio más económico, ya que solo debe asignar un muy pequeño presupuesto por publicación en vez de gastar enormes sumas de dinero en otras formas de marketing y publicidad. En los siguientes capítulos se le otorgará una explicación detallada acerca de cómo usar cada plataforma de redes sociales a su favor, y qué plataforma es la más adecuada para su tipo de negocio.

Mejorando su SEO

Optimizar su SEO es importante para darle a su negocio la posibilidad de ser visto en las primeras páginas de una búsqueda en Google. Usando las palabras clave correctas en su sitio web es solo una forma de optimizar su ranking SEO en Google y hacer su sitio web o plataformas de redes sociales más visibles. Sin embargo, otra forma de ganar ventaja y dirigir más tráfico a su sitio es usando las redes sociales. Debido a que el ranking SEO también considera la usabilidad y la interacción que tienen lugar en las plataformas sociales de su compañía, este reconoce la interacción como una indicación de la confianza de su negocio, dándole aún más impulso en términos de SEO.

Mientras más presente esté en redes sociales, más probable es que capte la atención de un potencial cliente, y logre que aquel potencial cliente visite el sitio web o perfil de su compañía para conocer más. Esto no solo le otorga más clics a su sitio, lo que mejora el ranking SEO, pero también pavimenta el camino para que sus clientes lleguen a sus productos o servicios, llevándolos un paso más cerca de concretar una compra. Ese es el motivo por el cual es esencial hacer que su contenido sea identificable, atractivo e interesante a su público objetivo, mientras siempre continúe optimizando las palabras clave necesarias para mejorar su SEO y hacer que para los nuevos clientes sea más fácil encontrar su negocio.

Opiniones de Clientes

Si bien algunas personas visitan las cuentas de redes sociales de un negocio para obtener una idea de qué tienen para ofrecer, otros las usan para obtener opiniones respecto a los productos o servicios de dicho negocio. Las redes sociales han hecho que para las personas sea más fácil expresar sus opiniones sin sentirse avergonzados, dado que no lo hacen en persona, sino a través de una plataforma virtual donde nunca ven a quienes están criticando o elogiando.

Supongamos que un potencial cliente se encuentra con sus productos y está interesado en comprarlos; en lugar de decidir por un capricho, es altamente probable que decida visitar sus plataformas de redes sociales y ver si otros clientes han dejado sus opiniones, o incluso se desplazarán por sus publicaciones para ver si hay comentarios negativos o positivos de usuarios anteriores. Las opiniones que encuentren afectarán enormemente su decisión; podrían ayudar a eliminar las dudas y escepticismo que tenga y animarlo a hacer una compra, o bien lo disuadirá completamente y le hará perder un cliente para siempre. Es por ello que es imperativo que maneje las opiniones de los usuarios con cuidado, y siempre se asegure que su negocio responda a cualquier comentario negativo con profesionalismo. Necesita manejar la situación de la manera más inteligente posible para impedir que tenga un impacto en otros clientes y arruine la reputación de su negocio. Recuerde que los comentarios de los clientes son un arma de doble filo, que tiene el poder de hacer o deshacer su reputación, y en consecuencia afectar su negocio.

Construyendo Relaciones con Sus Clientes

Ser activo en redes sociales les permite a sus clientes obtener un mejor entendimiento de su identidad, no solo a través de los productos o servicios que ofrece, sino también el tono de voz que usa. Esto les ayuda a relacionarse más con su negocio, y por lo tanto este se vuelve más interactivo. Cuando un cliente ve sus publicaciones con frecuencia, e interactúa regularmente con ellas, se forma una relación virtual, haciendo que la conexión entre dicho cliente y su marca se vuelva más sólida. Usar este concepto a su favor le ayudará a generar mejor contenido en redes sociales, y le permitirá conocer a sus clientes a un nivel más personal.

Las redes sociales le otorgan la habilidad de monitorear y analizar qué hace eco con los clientes y le ayuda a mejorar sus productos, servicios, y publicaciones de redes sociales para satisfacer sus gustos. Mientras más atractivo sea su contenido, más sólida será la relación con sus clientes. En consecuencia, usted podrá conocer los intereses, personajes, y en general qué es lo que atrae a sus clientes. También se dará cuenta de que a medida que el vínculo se fortalece, aumentará el sentido de lealtad del cliente hacia su marca, haciendo que se inclinen más a quedarse con sus productos en lugar de los de sus competidores.

Las Redes Sociales son Alegres y Divertidas

Existe mucho más que se puede hacer en las redes sociales aparte de postear videos e imágenes. A través de ellas puede lanzar campañas interactivas, dándole a su audiencia una oportunidad para participar creando videos, realizando cuestionarios, o tomar fotografías creativas de ellos usando sus productos. Esto no solo le otorga a su audiencia la oportunidad de ser creativa y divertirse con su marca, también les ayuda a promocionar su marca a través de sus propios medios sociales a medida que etiquetan a sus amigos o publican cualquier cosa que hayan creado en sus plataformas.

Con las redes sociales, usted tiene la libertad de probar diferentes medios, haciendo que su marca sea identificada como divertida, interactiva, y agradable de seguir. También le permite ser oportuno y usar temas de tendencia a su favor en una manera divertida que hace que su marca sea incluso más atractiva para su audiencia. Además, permitir que la gente participe con su contenido para obtener una recompensa es una excelente y económica opción de marketing que es extremadamente fácil y eficaz, gracias a las redes sociales.

Impulsando las Ventas

Si quiere impulsar sus ventas, no es suficiente tener solo una página web. Usar las redes sociales puede realmente ayudar a generar más ventas, ya que tienden a humanizar su marca e incrementar la lealtad hacia ella, así como alcanzar un público más amplio. En lugar de que los clientes vayan a usted, las redes sociales le permiten insertarse en sus feed. A medida que los usuarios navegan por sus feeds y ven las publicaciones de su negocio, se les recuerda constantemente los productos o servicios que usted ofrece, manteniendo su marca en sus mentes. Esto les permite acumular más conocimiento sobre su marca y productos, y recomendarlos fácilmente a aquellos quienes les rodean cuando se les pregunta acerca de alguna empresa que provea sus servicios. Mientras más exposición tenga su marca en redes sociales, mayor será la cantidad de ventas que generará.

Colaborando con Otras Organizaciones

Debido a que todos están conectados en las redes sociales, para su negocio puede hacerse extremadamente fácil alcanzar potenciales compañías que considera que son una buena combinación, y así unir fuerzas en una colaboración para traer a sus clientes algo innovador, emocionante y nuevo. No solo eso, también puede llegar a un público objetivo totalmente diferente, o alcanzar uno más amplio, al colaborar con influencers y haciendo que promocionen su marca o participar en una campaña específica.

Hay muchas maneras en que las redes sociales pueden ser beneficiosas para fines comerciales. Esto las hace no solo útiles, sino que hace que sea imperativo para una empresa tener una sólida presencia en las redes sociales, y poner un real esfuerzo para aprovechar el marketing en redes sociales. Es una herramienta fácil y efectiva que requiere recursos mínimos y genera excelentes resultados, así como información y análisis detallados que ayudan a asegurar que su marca esté yendo en la dirección correcta de acuerdo a lo que requiere el mercado.

Capítulo 2: Cambios a Esperar

Si bien la última década fue testigo de un espectacular aumento en el uso de las redes sociales y su enorme tráfico, rápidamente los especialistas y agencias en marketing de contenidos están obteniendo beneficios de ello. En un comienzo las redes sociales eran usadas solo para entretenimiento y para compartir los momentos favoritos de sus usuarios, pero ahora se han convertido en una importante herramienta comercial para las compañías de casi todas las disciplinas. Una parte de la población mundial ha hecho de las redes sociales su trabajo a tiempo completo, generando millones por crear y compartir contenido.

Además de varias oportunidades de trabajo, las plataformas de redes sociales le están dando a las personas una oportunidad de mostrar su talento al mundo. Las compañías están logrando ventas a través de las redes sociales como nunca antes. Y esto solo aumentará en el presente año y en el futuro, tanto que las empresas están contratando administradores de redes sociales y especialistas en marketing de contenidos solo para hacerse cargo de sus plataformas de redes sociales. Mientras los millennials ya están en el blanco, la Generación Z está lista para hacerse cargo de la disciplina comercial, lo que se suma a la inventiva y originalidad de las facetas de marketing en redes sociales a lo largo de varias plataformas.

En 2021 las redes sociales continuarán floreciendo, aunque muchos cambios se esperan. Usted también puede beneficiarse de ellos. Este capítulo se concentrará en todos los cambios que podrían ocurrir este año, algunos de los cuales pueden dirigirse completamente hacia el aumento de participación. El año 2017 fue testigo de un enorme crecimiento en la cantidad de usuarios de redes sociales, con alrededor de un millón de personas uniéndose a varias plataformas cada día, y esto parece que no se detendrá en el corto plazo. Con este aumento de participación, las plataformas de redes sociales como Facebook, Instagram, YouTube, Snapchat y Twitter están experimentando rápidamente con cambios técnicos específicos que mejoran la experiencia del usuario. Estos cambios también están siendo implementados debidos a brechas de privacidad, un aumento en las cuentas falsas, hackers, y la transmisión de noticias falsas.

Debe estar al tanto de estos cambios en el algoritmo, ya que podrían afectar importantemente su proceso de marketing.

Cambios a Esperar a lo Largo de Todas las Plataformas de Redes Sociales

Las redes sociales experimentan colectivamente algunos cambios durante este año, con algunas de estas plataformas haciendo algunas modificaciones estándar. Esto no solo afectará el hábito de los usuarios, también afectará masivamente las estrategias de marketing y los enfoques comerciales.

Todos vieron cuando Facebook e Instagram agregaron la función de las historias hace algunos años, apoderándose de la totalidad del concepto de participación de Snapchat, lo que ahora se ha convertido en una enorme táctica de participación para aumentar la cantidad de seguidores y likes. Esto es porque las historias fueron desarrolladas para lograr un fácil acceso, mejorando la experiencia del usuario. Las historias son contenido temporalmente producido y visualmente interactivo, y es fácil para los usuarios ver el contenido en pantalla completa sin tener que rotar el teléfono. Estos fueron los principales factores para que las historias tuvieran un gran éxito como función. Y, por tanto, muchos bloggers las usan como una forma creativa para contar historias, manteniendo a sus seguidores involucrados.

Este es un buen ejemplo de cómo las plataformas de redes sociales se están dando cuenta de la importancia de la mentalidad del usuario, y sugieren algunos cambios en sus funciones implementando avances tecnológicos e inteligencia artificial.

Aumento en la Privacidad

El uso de las redes sociales ha expuesto públicamente las vidas personales de sus usuarios, lo que puede ser una amenaza. Con las recientes acusaciones a Facebook de filtraciones de datos, la red social está en camino a desarrollar una red más segura y privada, la que se espera para fines de este año. No solo Facebook, también muchas plataformas líderes se encuentran alarmadas y cautelosas respecto al aumento de la privacidad para generar mejores números y calificaciones. Cuando se registra en cualquier red social, debe proveer información general que es almacenada por las respectivas compañías. Si bien esto no puede ser evitado por completo, las personas están interesadas en conocer las acciones que estos gigantes están tomando para prometer una mejor seguridad. Esto no solo establecerá confianza en la marca, también inducirá un sentimiento de regulaciones mejoradas para las personas que actualmente son parte de las redes más grandes.

Concentración en Algoritmos Mejorados

Para que cualquier plataforma de redes sociales sea exitosa, el algoritmo de inteligencia artificial debe alinearse con el algoritmo humano que es la experiencia del usuario y la intención. Esto es básicamente lo que un humano espera y, en consecuencia, este trae las posibilidades correspondientes de la plataforma. En lugar de pensar en la parte computacional, los gigantes tecnológicos están diseñando sus algoritmos para que estén más centrados en los humanos y sean más relevantes. Incluso si las cuentas pierden entusiasmo respecto a las publicaciones individuales, aún podrían ganar más seguidores y prometer una mejor experiencia del usuario en general. Si este cambio es implementado rápidamente, esto podría afectar el involucramiento del público En este caso, debe seguir tácticas que mantengan el interés de su audiencia y reconozcan publicaciones individuales por su creatividad y originalidad, mientras se familiariza con los conceptos de un algoritmo humano para alcanzar su público deseado y obtener más seguidores.

Usar Inteligencia Artificial para Filtrar las Noticias Falsas

Una de las principales razones por las cuales los usuarios usualmente no confían en las redes sociales en lo que respecta a actualidad e información actualizada, es por la propagación de noticias falsas. La información falsa puede afectar significativamente el sentido de percepción de las personas, y es por eso que los gigantes de las redes sociales y los desarrolladores están dependiendo de la inteligencia artificial para filtrar las noticias falsas y segmentar los datos para presentar información precisa y confiable. Con una inconmensurable cantidad de contenido creado y publicado en redes sociales, las personas necesitan un sistema utilitario de inteligencia artificial dentro del algoritmo para descifrar estos complejos datos y limpiarlos para obtener resultados legítimos.

Cambios a Esperar de Plataformas Específicas

Aquí se mostrará como algunas redes sociales individuales se encuentran experimentando con cambios y agregando funciones. Algunas de ellas ya se han implementado o serán implementadas pronto:

Instagram

- **Esconder los Likes**

Instagram ha estado probando esta nueva función de esconder los likes de las publicaciones en países como Italia, Australia, Irlanda y Japón desde el año 2019. Si bien los hackers y bots se arrastran lentamente para aumentar los falsos seguidores y likes, las empresas y creadores que producen contenido genuino han sido afectadas. También, la nueva generación es altamente afectada por el número de likes obtenidos por sus publicaciones y contenido, lo que los obliga a compararse con otros. Finalmente, el resultado es decepcionante y provoca dudas en ellos mismos. Para hacer la experiencia más auténtica, Instagram está trabajando en esconder los likes de las publicaciones. Usted, como el dueño de su cuenta y contenido, puede ver el número de likes. Dependiendo del tipo de disciplina en la que esté, esto puede o no afectar sus estrategias de marketing. Por ejemplo, si usted es un emprendedor, debe concentrarse más en su número de seguidores que de likes. Pero si es un influencer, su trabajo y generación de contenido podría verse afectada de cierta forma.

- **Herramientas Comerciales Mejoradas**

A pesar de que Instagram ha mejorado enormemente su función de herramientas comerciales en los últimos años, podría haber cambios mayores y mejores en este año. Muchas compañías actualmente manejan sus negocios mediante Instagram, y también posiblemente este es el motivo por el cual usted está aquí. Cambiarse a una cuenta comercial en lugar de una personal le otorga beneficios adicionales como información sobre la participación de los usuarios, interacción de la audiencia con publicaciones individuales, y contacto directo con potenciales clientes. Este año, podría ver un servicio al cliente mejorado y estadísticas mejoradas, ayudándole a generar más ingresos.

Facebook

• Concentración en Grupos

Facebook ha estado trabajando en mejorar su función de grupos para mejorar la experiencia del usuario desde 2017. Con complementos útiles como Watch Party y Facebook Pixel, los usuarios pudieron mejorar su experiencia de participación en el contenido. Algunas adiciones y cambios de diseño hechos en 2019 también demostraron ser útiles. Atrajeron a más personas a esta función aumentada e incrementaron la interacción. Este año, espere un impulso adicional en la pestaña de grupos que despertará el interés de los usuarios y ayudará a que su negocio crezca a través de las redes sociales.

• Criptomoneda y Facebook Pay

Facebook se encuentra listo para lanzar Calibra, su billetera propia, para introducir su propio sistema global de pagos. La moneda digital de Facebook se llama Libra, y busca cambiar y dominar los pagos alrededor del mundo. También está diseñada para ser usada en transacciones normales como pagar las cuentas de las compras, sin costos de transacción. Calibra se integrará en Facebook, Messenger y WhatsApp. Esto afectará enormemente las formas de realizar transacciones comerciales.

YouTube

- **Anuncios que No Puede Omitir**

A pesar de que las personas ya se dieron cuenta de que esto fue agregado a comienzos de 2019, YouTube busca extender esta práctica porque más personas están usando la aplicación en sus televisores inteligentes. Esto puede mejorar su experiencia de streaming y otorgarle oportunidades para presentar su contenido a un mayor público. Con la adición del bloque de anuncios TrueView, puede incorporar sin problemas la creatividad originalmente pensada para telespectadores.

- **Creación de Contenido Original**

La gente ha visto a YouTube lanzando contenido original con sus propias series y eventos en vivo siendo transmitidos por la plataforma. Si bien ya no existe un muro de pago premium, la plataforma podría invertir más en producir este tipo de contenido original durante este año. Esto también es producido con versatilidad y diversidad en mente. Esto marca la importancia de la originalidad del contenido, especialmente en la publicidad. Usted realmente necesita enfocarse en este aspecto si planea usar YouTube como una de sus plataformas primarias de marketing.

Snapchat

- **Filtros de Realidad Aumentada Mejorados**

La realidad aumentada está en auge en esta era impulsada por la tecnología, con las redes sociales interesadas en traspasar la experiencia a sus usuarios. Snapchat siempre ha sido, y probablemente seguirá siendo, la plataforma líder en el uso de esta herramienta. Con herramientas creativas, plantillas interactivas, e incluso el uso de la geolocalización, Snapchat hace que las personas piensen, "¿qué vendrá después?".

La plataforma recientemente estrechó la mano con una startup de visión artificial, AI Factory, la que ayudará a mejorar las funciones existentes y crear herramientas interactivas viables. También puede esperar algunos cómicos filtros de Realidad Aumentada que probablemente se viralizarán.

- Herramientas de Anuncios

Snapchat está realmente intensificando su aspecto publicitario con la reciente introducción de Dynamic Ads. Aún está experimentando con formatos actualizados que podrán ser lanzados a finales de este año. La función de Dynamic Ads puede ser extremadamente útil para especialistas en marketing y creadores de contenidos que tratan de vender productos o servicios. Estas son ajustadas para cambiar información particular de cada producto y presentarla de la manera más creativa y verdadera. Puede elegir entre un amplio espectro de plantillas disponibles que funcionan como catálogos completos de productos para todas las disciplinas, y han resultado exitosas en capturar la atención de los usuarios. Con mejores experiencias en anuncios esperadas para este año, podría realmente beneficiarse de esta función dirigiéndose a los usuarios más jóvenes, quienes constituyen la mayoría de las personas que utilizan la plataforma.

Twitter

- Cambiar Cuentas al Responder

Una posible función que será estrenada este año podría ser la habilidad de cambiar cuentas mientras responde a un tweet. Esto podría ayudar a responder a potenciales clientes, usando ambas cuentas de manera espontánea. Si bien esta función era solo un experimento, es posible que se vuelva permanente este año.

• Twittear a Temas o Amigos Específicos

Dantley Davis, el vicepresidente del departamento de diseño e investigación de Twitter, recientemente mostró una lista de posibles funciones que podrían ser introducidas este año. Uno de los aspectos más destacados fue la función de twittear a personas, amigos o hashtags específicos. Esto le permitirá twittear en temas específicos o promocionar su negocio en segmentos usando hashtags particulares o dirigiéndose a su grupo de público. Está pensada para prevenir el spam y dirigirse a los usuarios verdaderamente curiosos. Sin embargo, también podría abrir el potencial de formar discusiones o grupos privados, así como Facebook. En ese caso, tendrá que canalizar inteligentemente sus estrategias en la dirección correcta.

Como puede ver, muchos de estos cambios previsibles en todas las plataformas de redes sociales podrían beneficiar sus estrategias de marketing, mientras que algunas de ellas deben ser moldeadas y orientarse en su beneficio. Funciones mejoradas como un servicio al cliente refinado, más anuncios por todas las plataformas, y herramientas comerciales e interactivas mejoradas, pueden hacer que el marketing de su empresa sea más poderoso que nunca.

Capítulo 3: Tendencias de las Redes Sociales para 2021

Cuando empieza a pensar que las redes sociales han alcanzado su punto máximo, estas tienden a mejorar y demostrar que está equivocado. Los últimos cinco a siete años han sido testigos de un dramático crecimiento en el uso de las redes sociales, con especialistas en marketing y marcas haciendo de estas plataformas su principal base publicitaria. Si usted recién se está integrando a este juego, debe adelantarse. Si bien ya está al tanto de los cambios que ocurrirán en las redes sociales durante este año, aquí hay algunas de las tendencias que deberá seguir para sobresalir y generar mayores oportunidades.

Tendencia 1: Narraciones Poderosas

El poder de la publicidad auténtica fue revelado en la última década, con agencias y marcas creando contenido que exudaba creatividad y originalidad. Las personas pueden anticiparse a cómo el público puede verse atraído hacia la publicidad y marketing que es pura genialidad.

Aquí es como usted puede captar la atención de su audiencia con una narración y poderosa:

Personalización

Usted sabe que su historia dará en el blanco cuando la mayoría de su público puede verse reflejada en ella. A pesar de ser considerada una táctica subvalorada, la personalización puede realmente ser decisiva para usted. Muchos especialistas en marketing se están dando cuenta ahora de esto y lo están usando dentro de las fases de sus estrategias. No solo le ayuda a su audiencia a tomar una decisión de compra más inteligente, también les deja una gran impresión. Posiblemente se percató cómo Spotify estrenó estadísticas personalizadas para cada usuario a finales de 2019. Esta fue una excelente manera de generar una mayor interacción, y Spotify fue tremendamente exitosa al lograrlo.

Apelando a los Asuntos de Actualidad

Mantenerse al día con las noticias de momento y usarlas a su favor es otra estrategia poco valorada, pero poderosa, que puede usarse en un plan de marketing académico. Un gran ejemplo de una marca que hace publicidad inteligente y usa narraciones poderosas, principalmente a través de hechos de actualidad es Burger King. Una reciente noticia que hablaba del Príncipe Harry y Meghan Markle renunciando a sus altos cargos reales fue vista por la marca como una genial táctica de marketing. Ellos instantáneamente twittearon "@harry, esta familia real ofrece trabajos a tiempo parcial" y "usted puede continuar comiendo como un rey como nosotros, Harry". Si bien algunos seguidores elogiaron a Burger King por su genial sincronización, otros criticaron a la marca por cruzar la línea. En ambos casos, la empresa logró suficiente publicidad a través de una mayor participación de la audiencia, que eventualmente ayudó a su negocio.

Usando Humor

Públicos de todas las edades pueden relacionarse con la comedia y el humor, dependiendo en su contexto y tema. Ya es hora de que usted también comprenda el valor del humor; puede usarlo activamente este año dentro de su contenido. Dos marcas que se han apoderado de Twitter y Facebook con sus frases divertidas, subidas de fotografías inteligentes, y respuestas ingeniosas son Taco Bell y Old Spice. Una reciente riña entre Taco Bell y Old Spice en Twitter captó el interés de sus públicos y aumentó significativamente su participación. Usar el humor muestra que su marca es auténtica, humana y relevante.

Tendencia 2: Contenido de Video y Participación

Es verdad, las imágenes y los textos pueden ser interactivos hasta cierto punto, pero el contenido en video triunfa en atraer a su audiencia. Crea más interacción y participación de la audiencia. Casi todas las plataformas de redes sociales como YouTube (obviamente), Facebook, Instagram, Snapchat e incluso Twitter han sido testigos de una participación ejemplar a través del contenido en video, con más contenido compartido, likes y comentarios. Como especialista en marketing, debe aprovechar más la generación de contenido de video en comparación con las imágenes, especialmente este año. En lugar de leer un párrafo largo, los usuarios están más interesados en aprender más de su producto a través de un video. Con alrededor del 81 por ciento de las marcas usando contenido de video para aumentar el involucramiento, durante los próximos años el 82 por ciento del tráfico en línea será contenido en video.

Si su contenido fue hecho más interactivo y atractivo, las personas estarán más entusiasmadas en comprar sus productos. Hasta ahora, los especialistas en marketing creían que los videos más cortos podían atraer más al público, lo que cambiará completamente de aquí en adelante. Videos de más de cinco minutos atraerán usuarios con la conexión emocional construida a medio camino (dependiendo del tipo de contenido, por supuesto). Además, los videos de 360 grados harán furor entre los especialistas en marketing. Aproveche esto antes de que sus competidores descubran su potencial.

Trend 3: Aumento del Marketing de Influencers

El aumento en las redes sociales también ha sido testigo de un aumento en los influencers. En este momento, las personas hacen lo que aman y se les paga por ello. Muchos influencers han encontrado su pasión y reconocido su talento usando plataformas de redes sociales. Muchos bloggers de belleza, moda, viajes y comida han superado sus inseguridades y han construido sus propias comunidades en estas plataformas. Con su aumento en popularidad, las marcas están aprovechando al máximo su alcance en la audiencia. Posiblemente se ha encontrado con muchas marcas e influencers colaborando en un producto, lo que beneficia enormemente a ambas partes. Los influencers obtienen considerables cheques por hacer promociones, especialmente las blogueras de moda y belleza. Los medios preferidos para hacer esto son Instagram y YouTube.

De acuerdo a un estudio hecho por Hootsuite, un 48 por ciento de los clientes usaban celebridades para promocionar productos, y un 45 por ciento usaba micro-influencers para alcanzar un público más pequeño, pero más involucrado.

Este año, las personas pueden esperar un importante cambio en todos los influencers. Cada vez más bloggers se están inclinando a promocionar sus propias marcas y blogs en lugar de promocionar otros negocios. Las personas también pueden esperar muchas colaboraciones, con algunas muy importantes protagonizadas por influencers de alto nivel para lograr un mega compromiso. En lo que respecta a las agencias de marketing, probablemente continuarán estableciendo presupuestos para auspiciar influencers que buscan contenido extra y jugosos pagos. Básicamente, no hay nada que detenga a los influencers en 2021 y durante muchos años más.

Tendencia 4: Historias y Videos IGTV

El capítulo anterior habló acerca de cómo las historias han sido un enorme éxito como una nueva función para atraer usuarios. Usar este impresionante complemento para promocionar su contenido promete un enorme éxito para este año. Mientras Snapchat introdujo el concepto inicial de contenido que desaparece, Instagram, Facebook y WhatsApp incorporaron esta función en sus redes para mejorar la experiencia del usuario y aumentar la participación. Sin embargo, Instagram está constantemente actualizando esta función, haciéndola útil para agencias de marketing e influencers.

Con herramientas innovadoras como fuentes coloridas, funciones de arte, filtros, stickers y boomerangs, las historias se han vuelto extremadamente populares, y también estarán para quedarse en 2021. Puede realizar promociones cruzadas de sus publicaciones a través de historias, o enlazar su página web con sus historias para conseguir más seguidores. Las marcas también están desarrollando plantillas específicas para las historias para mejorar la narración y aumentar la implicación con sus seguidores.

Dado que los videos de Instagram pueden ser vistos por un tiempo limitado, la red social introdujo una nueva función llamada videos IGTV en 2018 que permitía a sus usuarios ver contenido que duraba entre un minuto y una hora. Aunque los videos IGTV no tuvieron el mejor de los inicios, algunos ajustes y actualizaciones les han otorgado la importancia que merecen. Actualmente están siendo usados ampliamente por marketers de contenido e influencers para promocionar sus productos y contenido. Los videos IGTV parecen tener un futuro brillante este año y más allá. Aunque la mayoría de los especialistas en marketing e influencers siguen optando por YouTube y Facebook para promocionar contenido en video, los videos IGTV también deben ser considerados. Aquí hay algunas geniales formas para usar los videos IGTV para promocionar su contenido en 2021:

➢ Cree contenido con formato vertical que utilice la pantalla completa, ya que mejora la usabilidad.

➢ Use el formato horizontal para alcanzar una mayor audiencia.

➢ Use la opción de vista previa de IGTV para ser descubierto fácilmente en el feed "Explorar".

➢ Cree encuestas y haga preguntas acerca del tipo de contenido en video que a sus seguidores les gusta ver. Esto aumentará la interacción, y sabrá lo que le encanta a su audiencia.

Tendencia 5: Aumento en las Compras

Con cada vez más marcas estableciendo sus nombres diariamente, las personas tienen una amplia gama de opciones y productos para comprar en línea. Y con la poderosa herramienta de las redes sociales, cada marca está tratando de crear su propio nicho para ser reconocida. Los marketers de contenido y publicistas están intentando construir conciencia e identidad de marca para convencer a más personas para que compren sus productos. Esto ha llevado a un aumento en las ventas, y las redes sociales por sí solas están generando miles de millones de dólares en ingresos para las marcas cada año.

El desarrollo y el marketing de los sitios web de las compañías han existido por más de una década, dando origen al comercio electrónico. Sin embargo, con la popularidad de las compras por redes sociales, el comercio electrónico social está ahora en su punto máximo, mostrando también un futuro prometedor para 2021. Entonces, si usted está aquí para entender cómo vender sus productos o servicios por redes sociales, está de suerte. Los números hablan por sí solos. Mientras más del 50 por ciento de los clientes descubren y encuentran productos en Facebook e Instagram, al menos el 30 por ciento de ellos hace compras a través de plataformas de redes sociales.

Marcas líderes como Nike han aprovechado este potencial, lo que les ha llevado a usar la función de compras dentro de las aplicaciones; ellos tienen una tienda dedicada en Facebook e Instagram. De esta forma, su cliente puede hacer una compra mientras está en la app, lo que le ayuda a generar más ventas. Instagram también ha desarrollado recientemente una función de compras que le permite etiquetar hasta cinco productos en una publicación. Puede obtener información adicional acerca del producto haciendo clic en la etiqueta. Esta función les ha permitido a las marcas obtener enormes ingresos. Con elementos útiles adicionales, como la función "deslizar hacia arriba", y complementos que crean facturas y confirmaciones, las plataformas de redes sociales están desarrollando aún más sus funciones para mejorar el comercio electrónico social.

Tendencia 6: Incorporación de Realidad Aumentada para Clientes

Aunque la realidad aumentada ya ha sido discutida como un importante cambio que puede esperarse, también ha sido considerado como una gran tendencia como estrategia de marketing. A menudo confundida con la realidad virtual, la realidad aumentada es la incorporación de escenas de la vida real dentro de gráficos hechos por computadora, diseñados para mejorar la experiencia del usuario. Si bien Snapchat ya ha implementado filtros de realidad aumentada y utiliza la geolocalización como una característica clave, otras plataformas de redes sociales también están usando ampliamente la realidad aumentada. Posiblemente ha jugado Pokemon Go, que causó furor entre los usuarios en todo el mundo hace algunos años. Podía ver Pokemons corriendo por el mundo real a través del lente de su cámara. A pesar de lo mucho que la gente disfrutaba esta característica, no podían dejar de pensar más acerca de esta tecnología pionera.

Como puede ver, toda plataforma está progresivamente haciendo un mayor uso de esta innovación tecnológica. Es hora de que usted también la incorpore dentro de sus estrategias de marketing. Puede aprender de marcas como Sephora y Timberland quienes usan la realidad aumentada como estrategia de marketing. Nike está en camino con algunos experimentos para brindar a sus clientes una experiencia interactiva. Los principales beneficios de usar realidad aumentada para marketing están sobresaliendo, satisfaciendo las necesidades de contenido único, y vendiendo productos a un ritmo más rápido que lo anticipado gracias a decisiones más rápidas de los consumidores.

A pesar de que Snapchat está basada en gran medida en la realidad aumentada en la actualidad, Facebook e Instagram también están trabajando para convertirse en plataformas totalmente basadas en realidad aumentada. Hasta que se le presente una nueva innovación, puede comenzar a construir su plan de marketing en torno a las funciones de realidad aumentada existentes que están disponibles, y que son populares en las plataformas de redes sociales, como filtros, bitmojis, mapas y etiquetas de ubicación. Nuevamente, puede ser ventajoso dirigirse a un público más joven porque los millennials y la Generación Z constituyen la mayoría de estos usuarios.

Si bien definitivamente debe estar atento a estas estrategias, es una buena idea continuar explorando y buscando nuevas opciones y tendencias que podrían simplemente surgir en cualquier momento en el mundo actual. Ya sea que esté usando YouTube,

Instagram, Twitter o Facebook, complete los vacíos usando estrategias dirigidas hacia plataformas de redes sociales individuales.

Capítulo 4: Marca Personal— ¿Lo Está Haciendo Bien?

Con el mercado completamente saturado en muchos ámbitos, la mayoría de las personas encuentran más fácil relacionarse con un individuo que con una empresa. Es por eso que la marca personal hace la diferencia. Sin embargo, cuando se trata de la marca personal, debe comprender cómo hacerlo bien, ya que también puede afectar negativamente la imagen o reputación de su negocio.

Para ayudarle a descubrir si va o no por buen camino, debe primero comprender la diferencia entre marca personal y marcas de productos.

Marcas de Productos

Cada marca representa un producto o servicio específico, y debe representar una imagen determinada para entregar un mensaje a través del producto o servicio en cuestión, así como tomar en consideración los elementos de la marca como el diseño, fuente, color, logo y el ambiente general. La marca es importante porque tiene el poder de hacer que el público objetivo reconozca su producto instantáneamente y se sienta de una manera específica en lo que respecta a su marca.

Marca Personal

Por otro lado, la marca personal va un poco más allá. En lugar de concentrarse solo en el producto o servicio que su compañía ofrece, se concentra en un individuo. Una marca personal se trata completamente acerca de usted como persona, y la imagen que elige mostrar al mundo. Agregar un toque humano a cualquier marca hace que sea más fácil con los clientes, y que sea más atractiva para ellos.

Debido a que este tipo de marca hace que sea mucho más fácil para una audiencia relacionarse con una persona que con un producto o servicio, usar una marca personal puede tener efectos bastante exitosos. Si elige usar este método, aquí hay algunos consejos para asegurarse que lo haga bien:

Limpie Sus Plataformas de Redes Sociales

Si elige darse a conocer, y utilizar la imagen que representa su negocio como una forma de marca personal, debe asegurarse que sus plataformas de redes sociales personales también estén alineadas con la identidad de la marca y no tengan ningún impacto negativo en la marca. Si bien interactuar con un rostro puede ser extremadamente atractivo cuando se trata de marketing en redes sociales, también puede resultar contraproducente si no es cuidadoso con la imagen que proyecta. Es por esto que lo primero que debe hacer es limpiar sus cuentas de redes sociales; elimine cualquier imagen o publicación que no corresponda con los valores o identidad de su marca, y tenga cuidado con lo que comparte en sus plataformas de redes sociales. Escoger usar la marca personal significa que sus acciones también reflejan las de su marca.

Esto no significa que no puede publicar nada personal o que debe ser profesional el 100 por ciento del tiempo; solo significa que debe pensar dos veces respecto a las cosas que publica, el tono de voz que usa, su lenguaje, y qué tan personal es con sus cuentas.

Sea Consistente

Una parte esencial de usar marca personal en las redes sociales es la consistencia. No solo en las imágenes, ambiente, y elección de contenido que publica, sino también en los valores que representa. Supongamos que intenta promover la sustentabilidad. Si lo que le interesa es salvar el medioambiente y crear conciencia acerca de los problemas de usar plásticos, debe asegurar no contradecirse a sí mismo en sus plataformas de redes sociales al colaborar con una marca que es perjudicial para el medio ambiente y produce muchos desechos plásticos. Esto no solo enfurecerá a sus seguidores, también pondrá en riesgo tanto su reputación y credibilidad personal, como la reputación de su negocio. Cuando se trata de promover valores fundamentales, debe ser consistente o separar su vida personal de los negocios.

Mantenga una Fachada Visualmente Atractiva

Al representar a su marca, su perfil ya no es su lugar libre donde puede hacer lo que quiera. Al contrario, debe ser tratado como una extensión de su negocio con una identidad de marca similar, pero con un mayor enfoque en usted. Es por esto que debe usar fotografías de alta calidad, en lugar de las que acaba de tomar con su teléfono. También debe usar la misma paleta de colores y un ambiente armonioso por toda su página. Lo importante es que haga sus cuentas visualmente atractivas, ya que cualquier potencial cliente o socio de negocios primero revisará sus cuentas antes de hacer un trato con usted. Deben ser recibidos con un ambiente positivo tan pronto como ingresen a sus cuentas.

Una de las maneras más poderosas de promocionar una marca es poder identificarla a distancia. Como una herramienta para la marca personal, también debe adherirse a los mismos valores, contenidos, y ambientes generales que hacen único a su negocio.

Encuentre la Plataforma Más Adecuada para Su Negocio

Hay muchas diferentes plataformas de redes sociales que se dirigen no solo a diferentes grupos etarios, también a diferentes géneros e intereses. Dado que la mayoría de los usuarios de internet están en Facebook, usted pensaría que sería la mejor herramienta para marketing en redes sociales, y crear allí su propia cuenta de marca personal para alcanzar un público más amplio. Sin embargo, descubrirá que la audiencia en Facebook no es adecuada para su marca, y tampoco apropiados para su edad. Mientras Facebook se concentra en contenido y noticias, Instagram es una plataforma mucho mejor para un negocio que se concentra simplemente en lo visual. No es suficiente simplemente seguir las pautas para la marca personal; ellas solo serán efectivas si son usadas en el medio correcto, donde la audiencia podrá interactuar y comunicarse con la imagen que está mostrando.

Analice su Audiencia

Crear una marca personal le permite poner atención a su audiencia a través de las redes sociales y acercarse más a ellos. Mientras más interactúe con ellos, más podrá identificar lo que hace más eco con ellos. De esta forma, tendrá un mejor entendimiento de los cambios que pueden hacerse para asegurar el éxito de su negocio. También podrá obtener información sobre a quién más sigue su audiencia, e identificar influencers clave que pueden ser beneficiosos para su marca. Esto puede llevar a potenciales colaboraciones o ideas relacionadas a lo que su público objetivo estaría interesado de acuerdo a su interacción con sus publicaciones.

Escoja Otros Embajadores de la Marca

Con la marca personal, no debe exponerse a sí mismo o volverse uno con su marca para tener la posibilidad de tener éxito. A las personas les gusta percibir una marca a través de una persona, pero no es necesario que sea usted. Es por eso que muchas compañías usan embajadores de marcas para convertirlos en el rostro de la empresa como una forma de marca personal.

Sin embargo, al escoger un embajador de la marca, no es suficiente basar su decisión solo en números. Dado que ellos serán el rostro y la imagen que representan su negocio, debe tomar su decisión de manera inteligente. Ellos no solo deben ser una buena combinación en términos de alinearse con la identidad y los valores fundamentales de su marca, sino también una figura pública que su público objetivo aprecia y admira. Debe ser alguien que busca conocer más a su negocio porque lo representan. Debe escoger alguien que recurra a sus redes sociales y promocionar sus productos adecuadamente, sin alejar a la gente.

En la mayoría de los casos, tener un embajador de la marca puede realmente ayudarle a alcanzar un público más amplio, ya que ellos no solo tienen una gran cantidad de seguidores en sus redes sociales, también son figuras influyentes en la comunidad con acceso a su público objetivo específico. Usar embajadores de marca para marca personal abre diferentes oportunidades y expone su marca a muchos canales que pueden beneficiar significativamente al negocio. Pero recuerde ser inteligente en sus decisiones, ya que cualquier daño que un embajador de marca pueda causar, también podría terminar dañando su imagen.

Sea Activo en Redes Sociales

Representar la imagen de su negocio a través de la marca personal significa que debe permanecer activo para hacer crecer su cantidad de seguidores y mantener involucrado al público existente. La frecuencia de sus publicaciones puede diferir según cada plataforma que usa, pero en general, es esencial mantener a su audiencia regresando para obtener más, lo que significa que debe estar activo diariamente. Mientras más consistente sea, más aumentarán sus ventas, ya que muchas personas tienden a ser escépticas al comienzo. Sin embargo, ellas eventualmente cederán al continuar viendo el producto que está siendo promocionado, no solo porque esto lo hace permanecer constantemente en su subconsciente, sino también porque empiezan a obtener información más detallada y familiarizarse con el producto o servicio con cada publicación que ven. Si se pregunta con qué frecuencia debe hacer publicaciones, a continuación, se muestra la cantidad óptima de publicaciones por día para cada plataforma, basados en estudios e investigación de Buffer:

- **Facebook** – es mejor publicar dos veces por día. Puede dividirse en una en la mañana y otra en la noche para llegar a diferentes personas quienes acceden a Facebook a diferentes horas del día.

- **LinkedIn** – se recomienda que un negocio solo publique una vez al día ya que muchas personas en LinkedIn están más interesadas en encontrar trabajo y están ocupadas en su propio trabajo.

- **Twitter** – es mejor captar la atención de su audiencia publicando cinco veces por día, debido al reducido número de caracteres permitidos en cada tweet.

- **Pinterest** – es ideal para un negocio publicar cinco veces al día, ya que muchas personas son muy activas y navegan continuamente por diferentes tableros.

- **Instagram** – concéntrese en publicar imágenes sólidas una y media veces por día. Esto significa que puede publicar dos en un día, y una en el siguiente para espaciarlas.

Otra forma de ser activo en redes sociales y promocionar una marca personal exitosa es interactuando con su comunidad tanto como sea posible. Esto puede ser organizando un organismo benéfico local, participar en una maratón en su área, o incluso patrocinando un espectáculo para niños. Esto le ayudará a familiarizarse con la comunidad, así como promocionar su marca personal para mostrar que está entregando e interesado en dejar una huella positiva, en lugar de simplemente vender sus productos. Esto también atraerá a las personas a un nivel más personal y le harán confiar aún más en su marca. Además, puede abrir nuevas oportunidades para colaboraciones y crear contenido útil y atractivo para sus plataformas de redes sociales.

Contenido de Video

El contenido de video está realmente siendo más popular, y su marca personal debe incorporarlo para mantenerse al día con la tendencia. Esto puede ser hecho a través de historias de Instagram, IGTV en Instagram, o su propio canal de YouTube. Solo asegúrese que el contenido sea relevante, pegadizo, breve, que apele a su audiencia, y alineado con su imagen personal. Proporcionar a su audiencia lo que quiere ver, y lo que los competidores están haciendo, ayudará que su marca personal sea más atractiva.

Recuerde que la marca personal es una gran manera para expandir su presencia en las redes sociales, y la ayudará a conectarse con una audiencia más amplia. Siempre es más fácil confiar en una marca con un rostro, ya que ayuda a entender los valores fundamentales del negocio y a otorgar la seguridad que está en buenas manos. Sin embargo, antes de proceder y exponer una cierta imagen al público, debe analizar la situación y asegurarse que la persona en cuestión tendrá un impacto positivo en la reputación de su negocio, en lugar de posiblemente dañarla en el futuro.

Capítulo 5: Conociendo y Haciendo Crecer Su Audiencia

Las redes sociales pueden ser una herramienta muy efectiva para el marketing, pero debe tener una presencia sólida en redes sociales. Para hacer esto, no solo debe comprender su audiencia y lo que les atrae, sino también cuál es su audiencia objetivo, y que los hace únicos, y como apelar a un nicho objetivo para otorgarle una ventaja.

Identificando a Su Audiencia

Una de las tareas más difíciles, pero cruciales, para cualquier negocio es definir un público objetivo y reducirlo a un nicho de mercado que se beneficiará de su negocio y encontrará sus productos o servicios atractivos.

Tener un mercado objetivo específico ya debería ser parte de su plan de negocios. Sin embargo, al comenzar su negocio, debe ser capaz de hacer un análisis aún mejor basado en las personas interesadas en sus productos y que interactúan con sus publicaciones. Esto le permite reducir su público objetivo y comercializar hacia quienes tienen la mayor probabilidad de comprar sus productos. Descubrirá que las personas en su público objetivo tienen características e intereses comunes, como datos demográficos, comportamientos y hobbies.

Debe definir el público objetivo de su negocio de la forma más clara posible, porque esto le ayudará a beneficiarse de la publicidad dirigida, la que le permite ser extremadamente específico. De esta forma, invertirá dinero en publicidad dirigida solo a aquellos que probablemente estén interesados en hacer otra compra. Esto no solo mejora sus ventas, también hace que el retorno de la inversión por cada dólar gastado en marketing valga la pena. Sin embargo, una importante pregunta que debe hacerse es "¿Cómo averiguo quién es mi público objetivo?". No es suficiente solo tener una idea de para quién serían adecuados sus productos; existen maneras de averiguar quién se beneficiará con su negocio y que son parte del público objetivo al cual debe dirigirse.

Características para Ayudarlo a Definir su Audiencia

• Edad

Debe comprender a qué generación se dirige. Esto le ayudará a ajustar debidamente su contenido, incluso en el tono de su voz, imágenes, y especialmente sus campañas publicitarias. La edad también es un factor al decidir qué plataforma es la más adecuada y generará las mayores ganancias, porque diferentes grupos etarios tienden a utilizar diferentes plataformas de redes sociales. No es esencial apuntar a una edad específica, sino a un rango promedio que le permita tomar mejores decisiones cuando se trata del marketing.

• Género

En algunos casos, podría darse cuenta de que un género encuentra su negocio más atractivo que el otro, y saber esto le ayudará a comercializar productos y publicaciones específicas para ellos.

• Ubicación

Una de las ventajas de Facebook es que es una red global que le permite dirigirse a cualquiera en el mundo. Sin embargo, si sus productos o servicios solo se adaptan a una ubicación específica, es esencial resaltar eso. Eso le permitirá considerar varios factores, como áreas geográficas a las cuales apuntar para sus promociones o publicidad. También le ayudará a determinar la zona horaria de su audiencia, permitiéndole estar presente cuando es más probable que sus clientes estén activos, para que así pueda contestar sus preguntas y proveer un excelente servicio al cliente mediante participación e interacción. También es imperativo para usted ajustar la zona horaria al programar sus publicaciones en redes sociales, así como sus campañas publicitarias.

• Idioma

Su público objetivo podría hablar un idioma diferente. Supongamos que su negocio ofrece postres del Medio Oriente en América del Norte. Podría descubrir que su público objetivo habla árabe en lugar de inglés, y, por lo tanto, es importante tomar en cuenta su lengua dominante.

• Presupuesto y Hábitos de Gasto

Es beneficioso reunir información respecto a los hábitos de gasto de su público objetivo. Esto le ayudará a entender cómo fijar el precio de sus productos y si su presupuesto es efectivo con respecto a su audiencia. Comprender cuánto están dispuestos a gastar en un producto, así como con qué frecuencia compran artículos dentro de su rango de precios, le ayudará a tener una mejor idea de cómo debe enfocar su precio y qué tan exitoso será su marketing con promociones y ofertas.

- **Intereses**

Existen numerosas ventajas en determinar los intereses de su mercado objetivo. Puede hacer esto analizando a las personas que interactúan regularmente con sus publicaciones y averiguar lo que tienen en común. Podría descubrir que a la mayoría de ellos le gustan las páginas de yoga, o que tienen debilidad por los dulces, o incluso que les gusta viajar. Estos intereses, sin importar lo específicos que sean, serán realmente útiles cuando sea hora de dirigir su publicidad en redes sociales a una audiencia específica, lo que le ayudará a obtener un alcance más amplio de usuarios adecuados.

Todo lo mencionado anteriormente es información extremadamente útil que realmente le ayudará a su negocio, ¿pero dónde consigue esa información? ¿Y cómo determina todos esos factores que le ayudarán a reducir quién es su público objetivo? Es simple: analítica. Ir a cada plataforma y verificar la información disponible no solo le ayudará a determinar quién es su público objetivo, sino que también obtendrá la información necesaria sobre qué plataforma usar para cuál público objetivo.

Hacer Crecer su Audiencia

Una vez que esté familiarizado con su mercado objetivo, la siguiente pregunta que debe hacerse es, "¿cómo sabe mi público objetivo que mi negocio existe?". Ser capaz de alcanzar y hacer crecer su audiencia es esencial para que su negocio tenga éxito. Afortunadamente, las redes sociales pueden realmente ayudarlo a crecer su audiencia, ya que le permiten dirigir publicidad específicamente hacia ellos una vez que haya obtenido información valiosa respecto a sus características e intereses.

Establezca Metas Fijas

Los factores clave que le ayudarán a hacer crecer su audiencia son un plan y estrategia fijos que le permitirán alcanzar usuarios específicos de acuerdo a sus hábitos. Por ejemplo, si bien Facebook continúa siendo la plataforma más ampliamente usada, la mayoría de los millennials y usuarios más jóvenes son frecuentemente hallados en Instagram, Twitter o Snapchat, haciendo que sea más efectivo canalizar su publicidad en esos lugares si esta es la edad en la que está interesado. Sin embargo, si está interesado en hacer crecer una plataforma específica por propósitos de negocios, igualmente podría dirigirse a ellos, ya que tienden a acceder a varias plataformas.

Tener un plan le permitirá tener contenido que le ayudará a alcanzar sus metas y trabajar en objetivos específicos. Si está familiarizado con su público objetivo, y tiene la meta específica de alcanzar una audiencia más amplia en Facebook, entonces puede crear contenido atractivo, dirigirse a su audiencia, y filtrar sus opciones de orientación para asegurarse que su alcance pagado sea beneficioso. Esto puede resultar en más personas que interactúan con sus publicaciones, y que le dan likes a su página, o que compran sus productos.

Al establecer metas, uno de los métodos más comunes y eficaces es el método S-M-A-R-T, que significa lo siguiente:

➤ **Específico**: Asegúrese de tener metas claras y definidas.

➤ **Medible**: Establezca metas que puedan ser medidas, para que pueda analizar su nivel de éxito y monitorear sus logros.

➤ **Alcanzable**: Evite establecer metas imposibles y asegúrese de que lo que aspira puede ser realmente alcanzado con los recursos que tiene.

➤ **Realista**: Sea realista sobre el presupuesto, el marco de tiempo esperado para lograr sus objetivos y el resultado.

➤ **Sensible al tiempo**: Siga una agenda detallada para asegurarse a determinar cuánto tiempo le tomará alcanzar sus metas.

Analice a Sus Competidores

Para sobresalir debe estudiar el mercado y averiguar qué están haciendo sus competidores. Una vez que los haya analizado, puede comenzar a identificar los factores clave que hacen funcionar su metodología, ¿qué es lo que atrae a su audiencia y logra apelar a ellos? Responder estas preguntas puede ayudarle a comprender qué es lo que su negocio debe hacer. No necesariamente debe copiarles, pero debe entender cuál es su ventaja. De esta forma, obtendrá más información respecto a su público objetivo, y podrá trabajar en obtener una ventaja diferente o encontrar una brecha en el mercado en el que puede concentrarse, para atraer más seguidores a su negocio en lugar de a sus competidores.

Al observar el contenido que comparten, su participación, y la frecuencia con la que publican, puede crear y aplicar una estrategia útil. Escoja contenido más relevante que sea más participativo y que atraiga mejor a su audiencia objetivo. Puede analizar a sus competidores buscando las probables palabras clave en cada plataforma.

Cree una Voz para la Marca

Hay una cierta jerga, tono, y forma de hablar que atraerá a diferentes grupos de edad. Entonces, una vez que esté familiarizado con su público objetivo específico, debe comenzar a estudiar cómo escriben, publican y hablan, así como saber cuáles son sus intereses para ayudar a crear una voz para su marca. Esto hará que se sientan más motivados a interactuar con sus publicaciones, y a establecer una conexión con su empresa.

Puede incluso usar una frase de un programa popular de televisión que este grupo etario vea, o la letra de una canción que escuche cuando la encuentre relevante. Esto los motivará a interactuar con su publicación, y, por lo tanto, le ayudará a alcanzar una audiencia más amplia.

Mejore Su Alcance

Hay varios factores que se deben tener en consideración cuando se trata de alcanzar una audiencia más amplia. Desde pagar anuncios hasta publicar en los momentos más adecuados para promover el mejor compromiso, debe asegurarse que todo lo que haga sea verificado, estudiado, y que lo ayudará a alcanzar su meta.

A continuación, se muestran los mejores horarios para publicar en cada plataforma:

➤ **Facebook:** Si bien entre las 10 de la mañana y las 3 de la tarde en los días de semana son las horas más seguras para publicar en Facebook, el horario más eficaz es usualmente los jueves entre las 1 y las 2 de la tarde.

➤ **Instagram:** Al igual que Facebook, los jueves también son los mejores días para publicar en Instagram, mientras que los horarios más seguros en esta plataforma son entre martes y viernes entre las 9 de la mañana y las 6 de la tarde.

➤ **Twitter:** La mejor hora para publicar en Twitter son los viernes, entre las 9 y las 10 de la mañana.

➤ **LinkedIn:** Entre las 3 y las 5 de la tarde los días miércoles es el mejor horario para publicar en esta plataforma.

Programar publicaciones en estos horarios le permitirá aprovechar los horarios más atractivos para estas plataformas, y otorgar a sus publicaciones un impulso extra para ayudarles a alcanzar a su público objetivo, haciéndolo crecer en el proceso.

Seguir estas estrategias comprobadas para identificar y hacer crecer su público objetivo, realmente lo ayudará a impulsar sus ventas, fortalecer su presencia en redes sociales, y hacer que su marca se vea más auténtica y atractiva para nuevos seguidores. Una vez que haya descubierto quién es su público objetivo y cómo atraerlos, el resto es pan comido.

Capítulo 6: ¿Cuál Plataforma Debería Usar?

Con el amplio espectro de plataformas de redes sociales disponibles hoy en día, es entendible que se sienta confundido respecto a cuál sería la mejor para su negocio. Después de todo, existen limitaciones presupuestarias y calendarios ajustados que cumplir, y no puede dedicarse y distribuir cantidades igual de tiempo a cada plataforma social que existe. Eso tampoco tendría sentido, porque debe pensar en su público objetivo, tipo de negocio y mentas. No todas las plataformas son para usted. Uno de los factores clave en el marketing exitoso de negocios es escoger la plataforma correcta. Y si bien existen muchas opciones para elegir, ahora se sumergirá en cada una de ellas para entender cuál es la mejor para su negocio durante este año.

Facebook

Facebook ha prosperado por más de una década y es sin duda una de las mejores plataformas de redes sociales que se puede usar para comercializar un negocio. Puede ser beneficiosa en dirigirse a usuarios entre los 25 y 34 años, donde ambos géneros lo usan de manera casi idéntica. Otro notable beneficio es que la mayoría de los usuarios tienen educación y tienen ingresos más altos, lo que puede ayudar significativamente a su negocio a lograr más ventas.

Cuando se trata de funciones existentes y probables, Facebook ha recorrido un gran camino en desarrollar herramientas dirigidas hacia las promociones y marketing de negocios, haciéndola una eficaz red social. También ofrece opciones para publicar varios tipos de contenidos, como imágenes, videos, textos, historias y enlaces, otorgándole flexibilidad y un lienzo en blanco para promocionar su negocio. Uno de los factores más importantes son los anuncios de Facebook. También conocidos como el Mercado de Anuncios, esta función aparece en una barra lateral mientras se navega por el sitio. Puede usar esta útil función estableciendo presupuestos para un marketing eficaz de su empresa en Facebook, incluyendo concursos en Facebook, historias patrocinadas y promociones de publicaciones pagadas.

Instagram

Instagram ha escalado rápidamente para ubicarse como una de las redes sociales más populares en 2019. También muestra una gran promesa hacia el futuro. Por lo tanto, Instagram definitivamente debe estar en su lista. Esta plataforma cuenta con un gran número de usuarios que siguen marcas y compran sus productos. Al igual que Facebook, la mayoría de la audiencia de Instagram también consiste de gente educada de altos ingresos. Estas son buenas noticias para su negocio. Respecto a las funciones, puede usar las herramientas comerciales de Instagram que le ofrecen interacción directa con sus clientes, y mostrar estadísticas como participación de los usuarios y la cantidad de veces que una publicación ha sido compartida. Le permite fijar su contenido y promocionarlo de manera correcta para atraer aún más participación.

Como se discutió anteriormente, la función de compras de Instagram puede ser útil. Si su negocio busca vender productos, Instagram es su mejor apuesta detrás de Facebook. Puede publicar imágenes, videos, historias, y enlaces dentro de las historias para promocionar su marca y mostrar su creatividad. Si solo piensa usar dos o tres plataformas de redes sociales para marketing. Instagram definitivamente debe ser una de ellas.

Snapchat

Snapchat ha evolucionado lentamente desde ser una plataforma de entretenimiento hasta un canal de ventas. Muchas personas subestiman el poder de Snapchat para hacer marketing de sus negocios, pero realmente tiene mucho potencial. Su primer beneficio es la audiencia objetivo. Como se dijo anteriormente, esta red social atrae principalmente a un público más joven, especialmente la Generación Z. Si su negocio busca vender productos o servicios a adolescentes o adultos jóvenes, Snapchat es la respuesta. Aproximadamente el 71% de la población de la Generación Z usa Snapchat regularmente. Su contenido alcanzará exitosamente usuarios de entre 12 y 34 años.

Snapchat usa el concepto de las historias en forma de imágenes y videos. Aunque hay un límite en el desarrollo de contenido, tiene la flexibilidad de publicar constantemente, sin excederse. Tiene un lienzo en blanco cada día, y los seguidores usualmente olvidan el contenido que publicó previamente, ya que desaparece en 24 horas. Una importante estrategia que usan las marcas en Snapchat es crear filtros patrocinados, ya que a los usuarios de Snapchat les encanta jugar con filtros y lentes. Recientemente, marcas como Taco Bell y Gatorade ganaron enormes interacciones al crear sus propios filtros. Usted también puede promocionar su propia marca contratando a un influencer quien se hará cargo de su cuenta por un día.

Twitter

Twitter se trata completamente del poder del texto en unos pocos caracteres. La mayoría de la audiencia de Twitter tiende a ser de entre 18 y 29 años de edad, haciéndola una opción viable para llegar a una audiencia más joven. Nuevamente, la mayoría del público de Twitter es educado y es categorizado como de altos ingresos. Uno de los principales conceptos que Twitter contempla es el uso de hashtag para alcanzar a un grupo específico de público, o seguir las tendencias en la plataforma.

Twitter ofrece las opciones de publicar imágenes, videos y principalmente texto para expresar su opinión o promocionar su marca. Dado que aproximadamente 7.000 tweets se publican cada segundo, su contenido debe ser poderoso para ser visto y compartido por la plataforma. Twitter de hecho es un gran medio para interactuar con su audiencia, y exige contenido que logre una mayor interacción. Recuerde la divertida disputa entre Taco Bell y Old Spice; generó una excelente interacción y promocionó las marcas.

También existe un gran potencial para la publicidad en Twitter. Puede elegir entre las opciones de formato de anuncio de Twitter, o promocionar el tweet de su marca para fomentar la participación. Otra función que esta plataforma proporciona son los chats de Twitter, que pueden ser usados para una máxima interacción y ganar seguidores.

YouTube

Si bien YouTube está restringido al marketing en video, igualmente puede ser usado eficazmente. El enfoque del contenido en video fue mencionado anteriormente, y YouTube se mantiene firme siendo una gran plataforma de marketing. Con aproximadamente el 74 por ciento de los usuarios viendo contenido producido por marcas, donde el 90% de ellos ve videos desde un teléfono inteligente o una laptop, YouTube ofrece un gran potencial para ganar una masiva audiencia. Es una de las plataformas más grandes que tienen un mayor impacto de influencers. Los números muestran que más del 50% de los usuarios han reaccionado positivamente al contenido, y han respondido adecuadamente a los productos mostrados.

Al no haber un límite a la cantidad de contenido que se puede subir, puede estirar el contenido de su video de acuerdo a la participación que recibe. También puede vincular o compartir su video en otras plataformas de redes sociales, aumentando la calidad de la presentación de su contenido. Utilice herramientas de llamada a la acción para aumentar la participación, como vincular sus cuentas de Facebook o Instagram, solicitar suscripciones, likes y compartir, y proporcionar una ruta directa a su blog o sitio web. YouTube también puede proporcionarle un enorme beneficio SEO, ya que Google puede mostrar directamente una ruta a su video de YouTube si las palabras clave son las adecuadas.

TikTok

TikTok es una gran plataforma para los creadores de contenido que están recién comenzando y quieren reconocimiento instantáneo. Usted encontrará a la mayoría de la audiencia de la Generación Z en esta reciente plataforma viral de redes sociales. Siguiendo el mismo concepto de las historias y los videos IGTV que duran entre 9 y 15 segundos, TikTok ha atraído a aproximadamente 500 millones de usuarios en todo el mundo. Sin embargo, aún es discutible si es o no la plataforma adecuada para comercializar su negocio.

Si planea mantener la identidad de su marca sutil y compuesta, TikTok no es para usted. La plataforma es bastante apresurada y loca. Si quiere que algo de creatividad y humor se incorporen continuamente a su contenido, esta plataforma puede ayudarlo. Puede mostrar las características de sus productos o crear algunos videos instructivos en lugar de crear memes que puedan ser contraproducentes con su estrategia de marketing. Por ejemplo, la marca de cosméticos Lush regularmente sube videos que muestran la elaboración de sus productos, lo que atrae atención. También puede colaborar con influencers de TikTok quienes tienen un gran impacto sobre sus audiencias. Antes de actuar, debe descubrir más la plataforma y tomar una decisión informada.

LinkedIn

Inclinándose más hacia el lado profesional, LinkedIn puede conectarlo con potenciales socios o clientes. Si planea comenzar un negocio que necesita conexiones profesionales, y está dispuesto a contratar trabajadores, LinkedIn es la plataforma adecuada para usted. Puede constantemente publicar descubrimientos, estudios, datos demográficos, o metas logradas por su compañía, las que serán vistas en el feed principal de sus contactos. Con un 32 por ciento de sus usuarios con un título universitario, el 24 por ciento con certificaciones, la mayoría de su público en LinkedIn será de ingresos medios o altos.

Es una excelente plataforma para generar marketing entre empresas y crear anuncios que promuevan el conocimiento de la marca. También puede enviar mensajes personalizados a sus seguidores o público cuando están activos para impulsar la interacción. LinkedIn también tiene influencers y ejecutivos que pueden crear un gran impacto en la audiencia objetivo. Incluso si su marca o negocio no posee una identidad corporativa, igualmente puede usar LinkedIn como una herramienta plausible para captar la atención de su audiencia.

Pinterest

Si la mayoría de su estrategia de marketing se basa en la imagen de su marca, Pinterest es la plataforma adecuada para usted. Esta red social actúa como un folleto de imágenes dirigido a todas las disciplinas, desde el arte hasta el fitness, y desde la decoración del hogar hasta consejos de moda. Atrae a su público basado en lo estético. Una gran parte del público de Pinterest son mujeres (alrededor del 79,5 por ciento), quienes tienden a navegar en la plataforma con varios fines. Un importante factor que puede ser transformado en una ventaja es que puede encontrar personas de todos los grupos de edad en Pinterest, principalmente entre los 18 y los 65 años, muchas de las cuales tienen educación. Si tiene una marca centrada en las mujeres, especialmente si está dirigida a madres o mujeres embarazadas, debe usar Pinterest. Prácticamente ocho de cada diez madres en los Estados Unidos usan Pinterest, lo que puede ser un factor significativo.

Puede usar una cuenta comercial de Pinterest, y conectar sus otras redes sociales con ella, reclamar su sitio web, poner detalles de contacto para sus clientes para que se contacten con usted y crear su tablero. Pinterest también permite publicidad e insertar enlaces en sus pins. Use las herramientas analíticas para aprender más acerca de pines populares y obtener más interacción. Cree su contenido en formato vertical para adecuarse al diseño de Pinterest y hacerlo más agradable estéticamente.

Estas redes sociales pueden ser, y usualmente son, usadas para un efectivo marketing de negocios. Ahora, esto no significa que deba usarlas todas. Como experto en marketing, definitivamente debe usar Facebook, Instagram, Snapchat, YouTube y Twitter, así como otras plataformas, ya que estas prometen mucho para este año y más allá. Dependiendo del tipo de negocio y contenido, debe medir el potencial que cada plataforma ofrecerá. Si no siente la necesidad, no desperdicie su tiempo registrándose en todas estas plataformas, ya que tendrá un efecto negativo en su presupuesto y la calidad de su contenido. En cambio, concéntrese en solo dos o tres plataformas si está recién empezando, y desarrolle gradualmente una vez que haya establecido una audiencia dedicada.

Capítulo 7: Marketing en Facebook

Facebook continúa siendo la red social más utilizada, y por lo tanto es esencial para la mayoría de los negocios en lo que respecta al marketing de redes sociales. De acuerdo a las estadísticas de Internet de Pew, aproximadamente dos tercios de los adultos estadounidenses usan Facebook regularmente. Eso corresponde a casi el 68%, haciéndolo un excelente medio para usar para adultos, ya que la mayoría de esas personas ya son usuarios frecuentes.

Sin embargo, para que el marketing en Facebook sea efectivo, existen varios factores que debe entender y tomar en consideración para asegurarse que lo esté haciendo bien. Es por eso que debe saber qué estrategias seguir para mejorar su marketing en Facebook y aprovechar al máximo una plataforma que está muy extendida y sobre la cual es bastante económico publicitar. Para hacer eso, aquí hay algunas estrategias:

Estrategia 1: Contenido Atractivo

Una de las primeras cosas que necesita entender es el algoritmo de Facebook. La idea detrás de él, y la razón por la cual es extremadamente beneficioso, está basada en esconder contenido aburrido. Dado que la plataforma está diseñada para mantener a las personas por tanto tiempo como sea posible, Facebook tiene una forma para hacer que solo el contenido interesante o exitoso sea visible para los usuarios. La pregunta es: "¿cómo Facebook toma esta decisión, o etiqueta algo como contenido aburrido?" Es muy simple. Facebook analiza el contenido y lo clasifica de acuerdo a la interacción con la publicación. Eso significa que, si la publicación tiene likes, comentarios, o es compartido, será considerado interesante, y Facebook permitirá que sea visto por muchos usuarios. Sin embargo, si una publicación no genera reacciones, Facebook automáticamente lo esconderá de los usuarios y lo clasificará como contenido aburrido. ¿Qué nos dice esto? Para que las publicaciones de su negocio sean vistas, debe crear contenido atractivo para sus usuarios.

Uno de los aspectos clave que hace único a Facebook y agrega una ventaja a cualquier negocio es que Facebook no solo esconde el contenido aburrido, también hace lo opuesto si determina que su contenido atrae atención. Eso significa que, si sus publicaciones están obteniendo interacción orgánica, Facebook les dará un impulso extra haciéndolas visibles a más personas. Es por eso que cualquier negocio debe intentar y sacar provecho de esa función creando el tipo de contenido que no solo atraerá a su público objetivo, sino que también iniciará una conversación y les hará sentir la necesidad de comentar o compartir en su propio feed.

Se sorprendería al saber que los contenidos marcan una enorme diferencia cuando se trata de reconocer participación y afectar la visibilidad de su publicación. Mientras más largo sea el comentario, mejor, y más visible será su publicación para otros usuarios.

Entonces, ¿cómo puede usar esta información y aplicarla a su negocio?

Cree Contenido Que Genere una Respuesta Emocional

Dado que la cantidad de fotos subidas a Facebook alcanza la asombrosa cantidad de 350 millones por día, debe asegurarse que lo que ofrece no sea como lo de todos los demás. Por eso la mejor manera de hacer que los usuarios se fijen en sus publicaciones es introduciendo contenido que les genere emoción. Ya sea que los haga reír o llorar, llenar su corazón de calidez, o incluso provocarlos, debe ser capaz de presionar un botón que los haga interactuar con su publicación. A veces, es suficiente con hacerlos sonreír, y los encontrará etiquetando a sus amigos y poniéndole like o compartiendo la publicación, dándole la oportunidad de difundirse más ampliamente. Entonces, cuando decida impulsarlo, Facebook le ayudará a alcanzar un público más amplio, haciendo su marketing efectivo a un costo por visitante aún más bajo.

Antes de publicar cualquier contenido en Facebook, o pensar en lo próximo que compartirá en la página de su negocio, pregúntese qué tipo de emoción genera. Si pareciera que no generará ninguna emoción, entonces busque algo que sí lo haga.

Use el Contenido de Tendencias a Su Favor

Ser oportuno no solo hace su contenido reconocible, también anima a las personas a interactuar y participar con su publicación como si fuera algo que está ocurriendo ahora. Dado que la mayoría de las personas se encuentran regularmente en Facebook, ellos tienden a obtener su información desde allí. Entonces, cuando un negocio logra aprovechar una tendencia, gana instantáneamente la atención de los usuarios. Considere, por ejemplo, los incendios en Australia que destruyeron miles de hectáreas de tierra y una gran cantidad de fauna silvestre. A medida que esto ocurría, fotos de koalas y canguros heridos estaban siendo excesivamente compartidas, ya que este tipo de contenido contiene ambos factores, generando una respuesta emocional, y siendo oportuno.

Como negocio, debe usar esto a su favor ya sea enviando un porcentaje de sus ganancias para ayudar a los necesitados en Australia, o simplemente escribiendo una publicación emocional que muestre el lado humano de su negocio. Aprovechar el contenido de tendencias es una gran herramienta que ofrece recompensas y resultados inmediatos cuando se trata de marketing en Facebook.

Estrategia 2: Contenido en Video

Si bien el alza en el contenido en video ya ha sido visible durante los últimos años, se espera que en 2021 aumente aún más. Por eso ya es hora de recurrir a los videos si no lo ha hecho aún. Sin embargo, hay una estrategia específica que debe seguir para alcanzar a su audiencia y garantizar el éxito. ¿Por qué los videos son más efectivos cuando se trata de marketing en Facebook? ¡Porque logran MUCHA más atracción que las fotos y los textos combinados! La diferencia en números no solo es sorprendente, sino también hace que para un negocio sea crucial hacer uso del efecto de los videos.

Sin embargo, la mayoría de los negocios tienden a cometer el error de producir videos promocionales o publicitarios sin construir una relación con sus clientes en primer lugar. Eso puede hacer que no muestren interés en ver el video promocional que usted subió, ya que posiblemente no están preparados para él. ¿Entonces, cómo hace que se interesen? Existe una estrategia probada para ayudar a desarrollar una relación y construir una conexión con su audiencia en primer lugar, para hacer que el contenido en video sea efectivo. Esto se hace usando la estrategia de video 3x3, que contempla videos de "por qué", "cómo", y "qué". En esta técnica, primero construye un portafolio de videos que lo ayuda a presentarse como persona y su idea de negocios, junto a otros videos que explican cómo es su proceso. Esto puede ser creado en la forma de videos instructivos que atraerán a su audiencia antes de introducir los videos de "por qué", los que mostrarán por qué sus productos son únicos o beneficiarán al usuario.

Videos de "Por qué"

Como experto en marketing, puede usar los videos de "por qué" para realmente ayudar a su audiencia a conectarse con su negocio a un nivel personal. Es una forma de marca personal que permite al usuario identificar el rostro detrás del negocio, y conocer la historia de fondo. A lo largo de este proceso, usted resumirá su historia y explicará la razón por la cual creó su negocio. Es un simple "por qué" que sirve para mostrar su idea y hacer que la gente se familiarice con usted y su negocio. Es esencial empezar con este paso para crear contenido de videos exitoso. Piense en preguntas como las siguientes:

➤ ¿Qué lo motivó a empezar?

➤ ¿Por qué usted es conocido?

➤ ¿Qué es lo que más lo enorgullece?

➤ ¿Qué problemas enfrentó?

➤ ¿Qué faltaba en el mercado?

En esta categoría, debe empezar con tres videos diferentes de entre 20 y 90 segundos, explicando quién es usted y la historia detrás de su negocio. Al producir los videos, debe intentar concentrarse en alcanzar un público objetivo diferente en cada ocasión, ya que más adelante podría darse cuenta de que un video fue más atractivo para hombres, mientras que otro fue más atractivo para mujeres.

Videos de "Cómo"

Para su siguiente conjunto de tres videos, debe presentar una serie de videos de "cómo" o "cómo hacer". En ellos, usted tendrá la oportunidad de explicar el proceso completo que efectúa su negocio para llegar al producto final; es de esperar que su audiencia realmente aprecie el trabajo y el esfuerzo que esto implica. Los videos instructivos son tan populares que el 51 por ciento del tráfico de YouTube viene de ellos. Si bien es una plataforma diferente para un público ligeramente distinto, sirve para mostrar lo importante que es para su negocio producir videos de "cómo hacer".

En esta categoría debe producir tres videos diferentes, cada uno con una historia distinta. Su primer video de la serie "cómo" puede concentrarse en explicar cómo sus productos son creados, desde una idea inicial hasta un producto final. Esto le ayudará a su audiencia tener un mejor entendimiento de lo únicos que son sus productos, mientras que al mismo tiempo lo conocen a usted y a su negocio.

También puede usar los videos de "cómo hacer" para proveer consejos a sus clientes y otorgarles información que pueden usar para crear versiones más simples de sus productos en casa o incluso algo que puede ir junto a sus productos. Por ejemplo, si su negocio vende recipientes de cerámica o platos, sus videos de "cómo hacer" pueden concentrarse en consejos a tener en cuenta al limpiar o calentar los platos, o incluso una receta fácil usando los platos. Puede ponerse creativo y ver qué es lo que más hace eco con su audiencia.

Videos de "Qué"

En esta sección ya habrá creado una relación con sus clientes que le permite comenzar a promocionar sus productos. Ahora es el momento de publicar videos que lo ayuden a promocionar los puntos a favor de sus productos. En estos videos, debe hacer que la audiencia sienta la necesidad de comprar sus productos.

Los videos de "por qué", "cómo" y "qué" son geniales para comenzar su viaje por el contenido de video en Facebook. Sin embargo, hay otros aspectos que debe considerar mientras pone este método en práctica.

Consejos Adicionales

• Solo Gaste Dinero en Videos Efectivos

Muchos negocios cometen el error de gastar dinero tratando de impulsar videos que no atraen a la audiencia. Sin embargo, cuando se trata del contenido en video, la cantidad promedio que debe gastar es entre 8 y 10 dólares por cada 1.000 vistas. Si invierte 8 dólares y solo obtiene 500 vistas o menos, entonces esto debe indicarle que debe dejar inmediatamente de gastar más dinero en su video. Ese dinero se desperdiciará debido a un problema con el contenido mismo, y Facebook lo está catalogando como "aburrido".

• La Estrategia de Contenido de Video en Facebook es un Plan a Largo Plazo

Este proceso puede demorar entre 6 y 12 meses. Con el contenido en video, entender a su audiencia tomará tiempo, por lo que es importante tener paciencia. Durante este tiempo, debe saber que uno de cada diez videos funcionará, lo que significa que el 90 por ciento de sus videos no lo hará. Si necesita tener diez videos exitosos, necesita crear 100 videos hasta que lo consiga.

• La Duración Ideal es Entre 20 y 90 Segundos

El punto óptimo usualmente está en los 60 segundos. Tome esto en cuenta al producir su contenido de video, y trate de hacerlo no muy largo ni muy corto.

• Monitoree Su ThruPlay

ThruPlay puede ayudarlo a analizar qué tan efectivos son sus videos. Es una opción de optimización y facturación para anuncios de video que le ayuda a comprender si vale la pena impulsar su video o no. ThruPlay produce los resultados ideales cuando es reproducido hasta el final o al menos por 15 segundos.

- **Pruebe sus Videos en Audiencias Diferentes**

Analice sus videos luego de una semana para entender quién debe ser su público objetivo y acercarse a ellos correspondientemente.

Estrategia 3: Anuncios de Facebook

71 mil millones de dólares se gastan en publicidad de televisión que nadie ve. Si bien la cantidad de televidentes ya ha caído enormemente, aquellos que siguen viendo TV aún tienden a presionar el botón de silencio cuando es hora de comerciales, o simplemente van a conseguir algo para comer, van al baño o hacen cualquier cosa excepto ver los comerciales que se muestran en la pantalla. Entonces, ¿por qué los negocios siguen gastando enormes sumas de dinero para usar una técnica publicitaria que ya no es efectiva? Hágase una simple pregunta para entender lo inútiles que se han vuelto los anuncios: "¿Cuántas veces he presionado el botón de 'Saltar Anuncio' que aparece en pantalla al ver un video?". La mayoría de las personas nunca han visto ningún solo anuncio, haciendo de esto un enorme desperdicio de dinero.

Por otro lado, los anuncios de Facebook no solo son extremadamente económicos en comparación con el mercado, también son muy efectivos en alcanzar a un público más amplio y hacer crecer la presencia en línea de un negocio. Sin embargo, con el algoritmo de Facebook cambiando constantemente, se encontrará gastando enormes sumas de dinero en contenido que no es efectivo. Para ayudarlo a entender la mejor manera de aprovechar los anuncios de Facebook, a continuación, se mostrarán algunos factores clave que debe entender:

Tipos de Anuncios de Facebook

Como experto en marketing o dueño de un negocio, lo primero que debe entender es qué tipo de anuncios puede usar.

- **Anuncios Gráficos**

Este tipo de anuncio es una de las formas más simples y fáciles para empezar a publicitar en Facebook. Esto se hace escogiendo promocionar una de las imágenes que ya ha compartido en su página de Facebook al impulsar una publicación existente.

- **Anuncios en Video**

Debido a que el video es una estrategia clave de marketing, la publicidad en video es otra manera en la cual puede usar el marketing en Facebook a su favor. Sus videos impulsados pueden aparecer en los feeds de su audiencia o en las historias de Facebook cuando tienen una duración más corta. Incluso puede considerar usar GIFs o animaciones en su contenido de video en lugar de videos en vivo.

- **Anuncios de Encuestas de Video**

Si bien esto solo está disponible en dispositivos móviles, este tipo de anuncio en Facebook requiere que la audiencia interactúe más, haciéndola una herramienta para aumentar el conocimiento de la marca.

- **Anuncios Por Secuencia**

Con los anuncios por secuencia, su negocio puede destacar diferentes productos o servicios, o incluso puede usarlos para mostrar ventajas o beneficios únicos de cada producto. Esto es porque los anuncios por secuencia le permiten usar hasta diez imágenes o videos juntos.

- **Anuncios con Presentación**

Un anuncio con presentación reúne una serie de fotos estáticas, texto o videos de su feed y crea un corto video publicitario. Es una herramienta útil para mostrar una variedad de productos o servicios que ofrece su negocio.

- **Anuncios de Colección**

Otra herramienta específicamente diseñada para dispositivos móviles, esta opción le permite juntar hasta cinco productos que los clientes pueden presionar para comprar, haciéndola una herramienta extremadamente efectiva ya que es una oportunidad de venta directa en Facebook.

- **Lead Ads**

También diseñados para dispositivos móviles, esta herramienta le permite rápidamente obtener información de los usuarios sin escribir mucho. Esto puede usarse para conseguir información de contacto para un boletín informativo o prueba de un producto, además de recibir fácilmente preguntas o comentarios.

- **Anuncios Dinámicos**

Los anuncios dinámicos se usan para ayudarlo a dirigirse a usuarios que ya están interesados en sus productos, pero no han hecho una compra aún. Este tipo de anuncio aparece en sus feeds de Facebook, mostrando un producto específico que anteriormente han buscado o agregado a sus carros. Esto les da un impulso extra para hacer la compra.

- **Anuncios en Messenger**

Con el enorme número de usuarios que usa Facebook Messenger como una aplicación para enviar mensajes, los anuncios de Messenger les dan acceso a 1.300 millones de personas cada mes. Todo lo que debe hacer es escoger Messenger como la ubicación deseada para su anuncio, y solo será visible para personas que usen Messenger.

- **Anuncios en Historias**

El lanzamiento de las historias de Facebook creó otra forma para promocionar un anuncio o un pequeño video y alcanzar a su audiencia más rápido. Cuando los usuarios acceden a las historias, ya están en el estado de ánimo adecuado para ver cualquier cosa que se encuentre en su camino, haciéndolo un buen momento para comercializar sus productos.

Cómo Publicitar en Facebook

Si ya tiene una página de Facebook para su negocio, entonces puede ejecutar los siguientes pasos para crear anuncios exitosos usando Facebook Ads Manager:

- **Paso 1: Elija el Objetivo de su Anuncio**

Una de las grandes cosas acerca de los Anuncios de Facebook es que ofrece una variedad de objetivos de marketing para elegir, para así poder ayudarlo a optimizar sus anuncios y obtener los mejores resultados. Para seleccionar uno que sea apropiado para la necesidad de su empresa, puede ingresar a Facebook Ads Manager, hacer clic en la pestaña Campañas, luego seleccionar Crear para iniciar una nueva campaña. Encontrará 11 diferentes objetivos de marketing, como conocimiento de marca, alcance, tráfico, y muchos otros para elegir basados en el objetivo que necesita para su negocio.

- **Paso 2: Encuentre un Título Adecuado para Su Campaña**

El siguiente paso es poner un nombre a la campaña de su anuncio para monitorearla en Facebook Ads Manager. En este paso, podrá escoger el enfoque de las publicaciones y decidir si quiere resaltar la interacción con la publicación, likes en la página o respuestas a eventos.

- **Paso 3: Ingrese los Detalles de su Cuenta**

Para que sus anuncios comiencen a funcionar, debe configurar su cuenta de anuncios ingresando información clave. Haga clic en "Configurar Cuenta de Anuncios" y llene los detalles solicitados, como país, moneda y zona horaria.

- **Paso 4: Diríjase a la Audiencia Correcta**

Una de las ventajas de Facebook como una plataforma de marketing es que le permite concentrarse en criterios específicos al dirigirse a su audiencia, a diferencia de cualquier otra plataforma. Para comenzar a escoger la audiencia objetivo para sus anuncios, abra su campaña de anuncios de Facebook, y escoja qué página quiere promocionar. Luego, desplácese hacia abajo hasta que encuentre la opción que le permite agregar una audiencia personalizada de personas quienes ya están familiarizadas con su negocio.

El siguiente paso es escoger su ubicación, edad, género e idioma objetivo. A medida que agrega más optimizaciones el indicador de alcance aproximado mostrado a la derecha trabajará de manera más precisa.

Para aumentar el retorno de la inversión, debe usar segmentación detallada para alcanzar la audiencia correcta.

➤ Segmentación Detallada: En este campo podrá decidir a quién dirigirse basado en datos demográficos, intereses y comportamientos. Aquí es donde puede volverse realmente específico y escoger personas que siguen, por ejemplo, tiendas de novios.

➤ Conexiones: Puede ya sea escoger dirigirse a su audiencia objetivo, o a alguien que ha interactuado con su página anteriormente, o elegir excluirlos completamente para alcanzar nuevas audiencias seleccionando Excluir personas a las que les gusta mi página. Sin embargo, si su foco principal será su audiencia existente, entonces puede elegir a las personas que les gusta su página.

- **Paso 5: Escoja Dónde Aparecerá Su Anuncio**

El próximo paso es decidir dónde se mostrarán sus anuncios. Existe una opción que permite a sus anuncios aparecer en Facebook, Instagram y Messenger, permitiéndole llegar a una audiencia diferente en varias plataformas usando la opción de Ubicaciones Automáticas. Sin embargo, también puede escoger especificar un tipo de dispositivo, plataforma o ubicación, como feeds, historias, mensajes o incluso artículos.es.

- **Paso 6: Presupuesto**

Una vez que haya establecido un presupuesto, es hora de decidir cómo asignar ese dinero en la campaña publicitaria de Facebook. Puede escoger un presupuesto diario o de por vida, y definir las fechas de inicio y término. Luego, puede decidir si quiere que el anuncio se comience a mostrar inmediatamente o programarlo para una fecha en el futuro. Tenga en cuenta que puede escoger un costo opcional y controlar sus pujas para asegurarse que se exceda del presupuesto, ya que se establece un límite por acción en lugar de en la campaña en su totalidad.

- **Paso 7: Cree Su Anuncio**

Tras escoger el formato de su anuncio basado en sus objetivos, puede usar la herramienta de vista previa en la parte inferior de la página para tener una idea de cómo se verá su anuncio en diferentes ubicaciones. Una vez que esté satisfecho, puede hacer clic en el botón Confirmar de color verde para enviar la orden y luego esperar por un email de confirmación de Facebook para notificarle de la aprobación de su anuncio.

Los anuncios de Facebook se están convirtiendo en una alternativa económica frente a muchos otros tipos de publicidad, y son mucho más efectivos. Es por eso que su negocio debe entender cómo aprovechar la publicidad de Facebook al máximo, y beneficiarse de ella mientras se mantenga relativamente económica. Con estas herramientas y consejos, tendrá un entendimiento básico de cómo su negocio puede beneficiarse del marketing en Facebook.

Capítulo 8: Marketing en YouTube

Ahora que ha aprendido acerca del marketing en Facebook, es momento de sumergirse en otra popular red social. Tras escuchar suficientes halagos acerca de YouTube como una efectiva plataforma de marketing, debe incluirla en su plan si no lo ha hecho aún. Este capítulo habla de cómo puede usar YouTube para promocionar ampliamente su marca, mencionando tres estrategias óptimas y consejos adicionales a ejecutar para lograr el éxito.

Además de ser una de las más importantes redes sociales, YouTube también es el segundo motor de búsqueda más grande, solo superado por Google. Anteriormente se mencionó cómo el marketing en video es más efectivo comparado al hecho en imágenes y texto. Con YouTube generando entre 300 y 400 horas de video cada hora, no hay razón para que usted no use esta plataforma.

Sin embargo, construir su comunidad y conocimiento de marca puede ser difícil debido a la existencia de millones de canales que prosperan en la plataforma. Hay tanta competencia que construir su nicho y ser reconocido puede ser una gigantesca tarea. Para ayudarlo a superar estos desafíos y promover un efectivo conocimiento y participación con su marca, aquí hay algunas estrategias a usar en marketing en YouTube en este año.

Estrategia 1: Contenido Optimizado

El contenido es rey. Es lo que atraerá a una audiencia más amplia y creará más interacción con su canal, ayudando a hacer crecer su marca. Optimizar y ajustar su contenido para ganar más interacción y seguidores es la estrategia número uno para lograr marketing efectivo. Aquí se muestra cómo puede optimizar su contenido con este propósito.

Elabore un Plan de Contenidos

Para crear un plan de contenidos efectivo, debe conocer y seguir estos tres principios rectores:

- **Descubra a Su Audiencia**

Aunque ya se ha hablado bastante de esto, este punto está limitado solo al marketing en YouTube. Una vez que conozca su marca, sabrá el grupo de edad y el género de su audiencia objetivo. Investigue acerca del tipo de videos que ven actualmente y su comportamiento en esta plataforma.

- **Conozca y Estudie a Sus Competidores**

Usted ya conoce la frase: "Mantenga a sus amigos cerca y a sus enemigos más cerca". Bien, usted no tiene precisamente enemigos aquí porque todo se trata de sana competencia. Conocer acerca de las marcas y compañías dentro de su disciplina, y las estrategias de marketing que utilizan puede ser beneficioso. Puede ver sus videos y señalar errores o problemas que usted puede evitar para mejorar su contenido.

- **Establezca Metas**

¿Por qué hace esto? ¿Cuál es su principal objetivo? ¿Es vender más productos? ¿Es lograr más interacción? Hágase preguntas, y establezca sus metas correspondientemente. Esto le dará una idea más clara de la dirección correcta hacia la producción de contenido óptimo.

Tipo de Contenido

Ahora que ha creado un plan de contenidos efectivo, es momento de explorar los tipos de contenido que puede usar para el marketing de su marca. Esto, por supuesto, dependerá de manera importante si quiere vender sus productos o si simplemente quiere lograr más vistas e interacciones. También dependerá de su audiencia objetivo y de lo que prefieren ver, como se dijo anteriormente. Ya sea que esté administrando una marca de moda o abriendo una empresa de comidas y bebidas, debe entender su marca y el tipo de contenido que atraerá más gente hacia ella. Cualquier contenido creado sin un propósito o intención concreta está destinado a fracasar.

Hay muchos tipos de contenido que bloggers, o en este caso, vloggers, usan para ganar más seguidores. Si está confundido acerca de dónde empezar, puede escoger entre los tipos que ya existen que son altamente preferidos por los espectadores, como reseñas de productos, videos de unboxing, proyectos de bricolaje, videos educativos, comedias, y videos instructivos, entre muchos otros. Estos son extremadamente populares y exitosos en captar atención. O bien, puede experimentar con un cierto tipo de contenido y crear su propio estilo. Esto le ayudará a su marca a destacarse y a ser fácilmente reconocida.

Practique la Consistencia

Es realmente importante subir contenido de manera consistente, y esto aplica para todas las redes sociales. Ahora, la consistencia no solo se refiere a subir videos regularmente; más bien se trata de subir un cierto tipo de contenido que sigue un patrón. Posiblemente ya ha oído acerca de ser consistente en múltiples ocasiones, pero lo que la mayoría de las personas no le dicen es cómo hacerlo, que es exactamente de lo que trata ese libro. Pero antes del "cómo", debe saber "por qué". La respuesta es que la consistencia mantiene entusiasmados a sus seguidores y les da un propósito. Crea expectativas que son satisfechas constantemente por sus videos. Además, YouTube está diseñado con un algoritmo que difunde su contenido a una audiencia más grande si publica consistentemente.

Respecto al "cómo", puede comenzar teniendo un itinerario de subidas, uno realista. No puede simplemente fijar la meta de subir un video cada dos días cuando necesita al menos entre tres y cuatro días para grabarlo y editarlo. Prepare un itinerario plausible y adhiera a él. Puede establecer plantillas para sus videos y fijar ciertos factores, como las fuentes y el tipo de edición para mantener las cosas fluyendo. Dependiendo de su contenido, también puede grabar un video más largo de antemano y dividirlo en tres o cuatro partes para tener contenido para los siguientes días.

Use SEO para los Títulos y las Descripciones de los Video

Ya se ha mencionado como la optimización de motores de búsqueda puede afectar el descubrimiento de sus videos. Dado que YouTube es un motor de búsqueda, puede usar SEO en esta plataforma para clasificar sus videos de mejor manera que otros dentro del mismo nicho. SEO es básicamente cuando inserta ciertas palabras clave, principalmente palabras o frases, en los títulos y descripciones de sus videos basándose en las palabras comúnmente buscadas por los usuarios. Asegúrese que sean relevantes para su contenido. También puede añadirlas a sus subtítulos. Sin embargo, no puede usar todas las palabras clave en su título; esto solo logrará que no tenga sentido. Aquí es cuando las etiquetas son útiles. Puede poner entre 10 y 20 etiquetas debajo de cada video, que es donde puede agregar aquellas palabras clave para tener aún más optimización de búsqueda.

Y cuando se trata de leyendas, dado que YouTube genera automáticamente la mayoría de las leyendas, existen altas probabilidades de que sean imprecisas. Puede solucionar esto agregando sus propios subtítulos. Esto le permitirá agregar sus palabras clave preferidas y presentar la información correcta a su audiencia. También debería considerar traducir su video a otros idiomas para atraer a público de todo el mundo. De esta manera, YouTube clasificará su video en un lugar más alto debido a las palabras clave en otros idiomas.

Estrategia 2: Historias de YouTube

Siguiendo los pasos de Snapchat, Instagram, Facebook y WhatsApp, YouTube también ha introducido la misma función de historias para canales que tengan 10.000 o más suscriptores. Las Historias de YouTube se lanzaron en 2018, y desde ese momento, han ofrecido un beneficio adicional a los canales e influencers para permanecer aún más actualizados con sus suscriptores. También se ve prometedor para este año.

Las historias son comúnmente vistas como una importante herramienta de interacción actualmente, con un tercio del total de espectadores viendo historias y contenidos producidos por pequeñas y grandes marcas. Las empresas están usando activamente el concepto de las historias y haciéndolas una parte integral de su plan publicitario. La clave es destacar. Todo se resume en qué tan bien usa esta función, y si la logró aprovechar al máximo.

Ahora que la importancia general de las historias es más clara, es momento de revisar algunos aspectos de las Historias de YouTube para entenderlas mejor.

Beneficios de usar Historias de YouTube

Aunque no es un concepto original, las Historias de YouTube ofrece su propio conjunto de beneficios debido a algunas diferencias y características extra. Aquí hay cuatro excelentes maneras con las que puede beneficiarse usando las Historias de YouTube para el marketing de su contenido:

• Permanecen en el Feed por Siete Días

Anteriormente conocidas como YouTube Reels, estas historias permanecen en su feed por una semana, a diferencia de las historias de Snapchat, Instagram y Facebook que desaparecen en 24 horas. Es un importante beneficio ya que puede crear un trasfondo convincente de narración que dura por días, y puede ser visto por sus potenciales suscriptores días después de su subida. Sus seguidores también pueden verlas al día siguiente en caso de que se hayan perdido algún contenido importante. Puede moldear su contenido de acuerdo al número de días disponibles. También mantiene a su audiencia al tanto de su contenido.

• Alcanzan a Potenciales Suscriptores

Estas también se dirigen y atraen a usuarios que no se han suscrito aún a su canal, permitiéndole aumentar sus seguidores. Es una gran estrategia de jugar a las escondidas para gatillar la curiosidad entre sus actuales y futuros suscriptores. Incluso si usted no es un suscriptor, puede ver las historias de otros canales e influencers que son tendencia directamente desde su página principal.

• Abren Nuevas Oportunidades

Las historias son un bonus para todo experto en marketing de contenidos estos días, especialmente este año. Son contenido ligero, fáciles de crear, y logran un gran impacto al interactuar con los usuarios. Dado que el principal concepto de YouTube se basa en el contenido en video, las historias son específicamente útiles para esta plataforma. YouTube también le da la flexibilidad de desatar su creatividad con sus herramientas, como tipos de fuentes, filtros, stickers, música y mucho más.

- **Son Simples y Prácticas**

Las historias pueden ser imágenes o contenido con formato de video que puede contener texto plano o imágenes simples de sus productos. También puede usar algunos fragmentos de su video, sin poner mayor esfuerzo para grabar contenido para sus historias.

A través de las historias de YouTube, usted, como experto en marketing o creador de contenidos, tendrá la oportunidad de crear contenido extremadamente ligero en comparación con las pesadas grabaciones y edición de los videos que sube regularmente. Otras grandes ideas para las historias pueden ser contenido tras bambalinas, entrevistas aleatorias y divertidas con miembros de su equipo, entregarle sus historias a un influencer, reseñas de productos, o videos instructivos como tutoriales, anuncios de descuentos, regalos, o adelantos de sus futuras campañas. Esta es la manera perfecta para crear contenido humorístico, entretenido y atractivo.

Impacto en los Usuarios

Los usuarios están mucho más dispuestos a ver historias que videos largos y pesados de más de cuatro o cinco minutos. Dado que el período de atención promedio de la mayoría de los usuarios es usualmente corto, las historias son la forma perfecta de captar su atención. Tanto así que alrededor del 63 por ciento de los usuarios de Instagram y Snapchat ven historias. Alrededor del 70 por ciento de ellos son estadounidenses, donde una mayoría de ellos son millennials o de la Generación Z.

Las Historias de YouTube se perciben más como contenido de entretenimiento que guías informativas. Han tenido un efecto emocional en los usuarios, captando su completa atención. La mayoría de los usuarios señalan que se involucraron completamente y que "buscaban más". Sus historias no tienen que ser perfectas, extremadamente editadas o "preparadas"; son ideales para crear una imagen más auténtica de su marca y mostrar a su audiencia el escenario real.

Creando Historias y Obteniendo Respuestas

Las Historias de YouTube pueden ser vistas en la página principal de la aplicación, destacando la foto de perfil del usuario. Solo debe hacer clic en el botón Crear, seguido por Historia. Presione el botón capturar para tomar fotos y manténgalo presionado para grabar videos. Edite su contenido usando una amplia gama de opciones disponibles de texto, stickers y música. También puede subir directamente una foto o video de la galería de su teléfono.

Los usuarios también pueden reaccionar y comentar sus historias y comentarios de otros con pulgar arriba, pulgar abajo, o ícono de corazón. Puede responder a los comentarios de sus seguidores con imágenes o videos, haciéndolas más interactivas. Sin embargo, habría sido más exitoso si se hubiera proporcionado una opción de "deslizar hacia arriba" para vincular su sitio web a sus historias como en Instagram.

¿Cómo se Ve el Futuro?

Si bien Snapchat e Instagram han sido exitosos introduciendo la función de las historias, YouTube aún tiene que ponerse al día comparado con otras redes sociales. Algunos usuarios y críticos han criticado a YouTube por agregar el ya sobreutilizado concepto de las historias. Algunos canales e influencers también estaban molestos acerca de la limitación de poder usar la función solo al conseguir una comunidad de 10.000 seguidores, lo que puede ser difícil en una plataforma tan competitiva como YouTube.

Mientras los canales y marcas más pequeños deben luchar para crecer, los canales ya establecidos conseguirán más seguidores usando la función de las historias. Sin embargo, si YouTube trabaja en algunos problemas como la habilitación de la opción para marcas más pequeñas, responder a los comentarios con texto, y vincular sitios web con la función "deslizar hacia arriba", entre otras cosas, seguramente tendrá éxito en los próximos años.

Estrategia 3: Publicidad en YouTube

Sin duda los anuncios de YouTube son la mejor manera de promocionar y vender sus productos, principalmente debido al poder del contenido en video. Incluso si ha desarrollado una espectacular campaña en video, no vale nada si no llega a una audiencia masiva. Aquí es donde los anuncios de YouTube pueden ayudar. Puede haber encontrado anuncios relacionados a productos o servicios específicos que buscó recientemente. Cuando el contenido en video se relaciona al producto que desea, definitivamente verá el video completo para saber más. Así es como funcionan los anuncios en YouTube; dirigiéndose a palabras clave y búsquedas específicas.

Tipos de Anuncios de YouTube

Existen tres tipos de anuncios de YouTube para escoger para su negocio:

• **Anuncios TrueView**

Los anuncios que se pueden omitir que ve al comienzo de cada video se conocen como anuncios TrueView. Si bien son flexibles y le permiten experimentar con su tipo de contenido, también permiten a los seguidores usar el botón de llamada a la acción, aumentando la interacción. Un importante beneficio de los anuncios TrueView es que usted no paga por el anuncio a menos que su espectador haya visto más de 30 segundos de él, o haya usado el botón de llamada a la acción. Esto le ahorra dinero en seguidores que no están realmente interesados.

• Anuncios Pre-Roll o No Omisibles

Con una duración de entre 15 y 20 segundos, los anuncios pre-roll son anuncios que no se pueden omitir que aparecen antes que el video principal comience a reproducirse, o en medio de videos largos (también conocidos como anuncios mid-roll). Eran extremadamente molestos cuando se presentaron por primera vez, pero los espectadores ya se acostumbraron a ellos. Su empresa puede beneficiarse de ellos debido a que usted tiene el máximo potencial para crear un anuncio comercializado y dirigido a los espectadores interesados que verán el anuncio en video completo. Siguiendo un concepto de pago por clic, este método ofrece un espacio adecuado para su anuncio. Este tipo de anuncio también incluye un botón de llamada a la acción para los espectadores interesados.

• Bumper Ads

Con una duración habitual de seis segundos, los bumper ads están optimizados para teléfonos móviles y son la opción más corta para entregar contenido importante. Estos tampoco pueden ser omitidos, pero son mucho más tolerables debido a su corta duración. Al actuar como "aspectos destacados" o recordatorios de productos, eventos o lanzamientos importantes, los bumper ads se ven al final de los video principales. Similares a las Historias de YouTube, puede mostrar un vistazo del próximo lanzamiento, adelantos de sus nuevos productos, o una noticia emocionante respecto a su negocio.

A pesar de lo poderoso que puede ser el Marketing en YouTube, no olvide promocionar su contenido por varias plataformas de redes sociales. Esa es la única manera de ser visto y reconocido entre millones de otras marcas. Contrate influencers de YouTube que tengan una gran cantidad de fans para presentar su negocio de manera creativa, u opte por la promoción cruzada. YouTube es una excelente manera de promocionar su negocio, y debe comenzar a publicar el contenido adecuado y ser coherente en su canal lo antes posible.

Capítulo 9: Marketing en Twitter

Hace algunos años, usar Twitter como una plataforma de marketing era algo impensable. Sin embargo, a medida que pasaba el tiempo, los expertos en marketing y creadores de contenido se dieron cuenta de la importancia de Twitter, que les permitía interactuar directamente con sus clientes, usar imágenes y elementos visuales para crear autenticidad, y presentar su marca como humana. Básicamente, Twitter permitía a todas las marcas y compañías presentar su imagen en bruto al mundo, ayudándoles a construir conexiones emocionales y consiguiendo más atención hacia ellos. Entonces, creció como una importante plataforma de marketing a lo largo de los años.

De hecho, Twitter ha crecido tanto, que algunas marcas usan esta plataforma como su herramienta primaria de marketing. Y se sugiere que usted también la incluya entre sus principales plataformas de marketing. No se preocupe si está recién comenzando; este capítulo detalla algunos consejos y estrategias para ayudarlo a navegar en su bote de Twitter y ser reconocido fácilmente dentro de este mercado saturado.

Primero, para preparar las estrategias que definirá para campañas exitosas, algunos de estos consejos le servirán para preparar y seguir de manera efectiva las estrategias enmarcadas. Aunque algunas de estas fueron anteriormente discutidas, es necesario revisarlas para lograr un resultado favorable en el contexto del marketing en Twitter.

Estableciendo Metas y un Objetivo Final

Para enmarcar un conjunto de estrategias, debe hacerse algunas preguntas: "¿Cuál es el principal objetivo de lanzar mi marca en Twitter? ¿Quiero generar ingresos por ventas? ¿O simplemente quiero crear una imagen de marca?". También puede usar esta plataforma para aumentar la lealtad de sus clientes y mejorar su servicio al consumidor. Debe hacer una lista con todas las razones y objetivos que espera de todas las campañas, lo que lo ayudará a generar contenido de manera adecuada. Le ayudará a conformar un plan de marketing claro, y apuntar directamente a su objetivo principal.

Entonces, cuando haya definido sus objetivos, y comience a seguir un plan sólido, puede seguir su progreso y poner atención al rendimiento de su equipo. Su compañía establecerá un presupuesto para marketing en redes sociales, y es su trabajo crear un plan realista y establecer las estrategias que producirán el retorno esperado de la inversión.

Cantidad de Cuentas

Ya sea que su compañía consista en unas pocas personas que están recién comenzando, o que sea una compañía multifacética que tiene varios departamentos, debe pensar en la cantidad de cuentas que tendrá funcionando. Si ya tiene una cuenta de Twitter con una cierta cantidad de seguidores, eso ya muestra un gran potencial. Se recomienda que la convierta en una cuenta comercial para su compañía. Considere los departamentos o equipos distintos dentro de su compañía, y piense si tener cuentas independientes sería más efectivo o no.

Planificando Su Contenido

Para planificar su contenido y construir un estilo específico, debe saber qué quiere su público objetivo. En este momento ya sabe lo importante que es esto porque ya ha sido resaltado a lo largo del libro. Pavimenta un claro camino hacia el tipo de contenido que quiere crear, y el patrón que atraerá a sus seguidores. También es importante analizar su competencia y conocer el tipo de contenido que publican. Seguro quiere destacarse y crear su propia identidad dentro del mercado.

Cuatro Grandes Maneras de Planear

- *Tweets con Video en Vivo*

Ya conoce la importancia del marketing con contenido en video y cómo los usuarios se sienten más atraídos a este tipo de contenido. Hace algunos años, Twitter, como otras redes sociales, introdujeron la función de video en vivo, que ha sido bastante exitosa. Puede usarla para mostrar material tras bambalinas de su negocio y aumentar la interacción con sus seguidores. Alrededor del 80 por ciento de los usuarios recuerdan los videos que ven en línea. Esta es una estrategia en tiempo real que funciona maravillosamente para promocionar su marca. Sus seguidores tienen la oportunidad de echar un vistazo a los rostros detrás de su marca, y esta curiosidad atrae más participación.

- *Tweets en Hilos*

En ocasiones, su plan de marketing estará saturado de tweets y videos cortos. Aquí es donde los tweets en hilos pueden marcar la diferencia. Conectar hilos a sus tweets aumenta la curiosidad entre sus seguidores y le permite contar una historia en lugar de limitarse a unos pocos caracteres. Ahora es fácil para usted compartir la reseña de un producto, informar en detalle a sus seguidores sobre un evento de lanzamiento, o simplemente crear una irresistible táctica de narración. Esta característica le ayuda a agregar más texto a más hilos una vez que se ha publicado el tweet original.

- *Destacando Causas Sociales*

Si su marca apoya una causa social particular, es necesario resaltarla dentro de su contenido todo el tiempo. Desde guerras hasta el cambio climático, siempre hay algún problema o preocupación vigente alrededor del mundo. Como un canal global, debe mostrar su preocupación y tomar partido en contra de aquellos asuntos; sus seguidores no esperarán menos. Una vez que haya establecido un canal masivo, tendrá el poder de alcanzar a millones de personas a la vez y crear una conciencia importante. Esto no solo le ayudará a conectar su marca con personas de similar pensamiento, también hará que su canal destaque creando mucha participación. El hashtag "Tuitea por una Causa" ha sido popular en la plataforma, y por buena razón.

Cada vez que surge un importante asunto social, cultural o político, los "Twitterati" son quienes responden más rápido. Las personas ven muchos debates y preocupaciones siendo expresados por personas de muchas nacionalidades y orígenes a través de sus tweets. Debe considerar este factor ignorado y usarlo a su favor.

- *Marcando Eventos o Días Importantes*

Las personas alrededor del mundo celebran ocasiones especiales, festivales y eventos que son globales o específicos para un país o comunidad. Marcar estos eventos en su calendario y producir contenido en consecuencia puede ayudar a crear más participación del público. Por ejemplo, en la India se celebra el Diwali, el cual es un importante festival para el país. Crear contenido en torno al Diwali y su imagen de marca puede atraer mucha atención desde India, ayudándole a ganar muchos seguidores, y posiblemente un aumento en las ventas, debido a su enorme población.

Otro ejemplo de un evento que se reflejó en Twitter fueron los Globos de Oro en 2018. El hashtag "2018#GoldenGlobes" se viralizó, lo que fue seguido de muchos tweets importantes. Solo debe poner atención al calendario y buscar eventos en su región y alrededor del mundo. Puede ser cualquier cosa relacionada a la música, festivales, deportes, moda, películas, etc. Intente visitar tantos eventos como sea posible, especialmente si son importantes para su marca. Twittee en vivo mientras se encuentra allí, o tome tantas fotos como pueda. Solo ponga atención a los hechos alrededor suyo para permanecer al día.

Estos métodos para crear participación definitivamente ayudan, pero tres estrategias específicas pueden ayudar a su marca a tener una ventaja y llevar a una masiva interacción con su audiencia, las que a menudo son ignoradas por otras cuentas.

Estrategia 1: Respuestas Personalizadas

Proveer respuestas personales a sus seguidores, sin importar qué canal usan, es una manera genial de ganar su confianza y aumentar la interacción en general. Demuestra que hay humanos detrás de su marca, lo que puede jugar un papel fundamental en construir una imagen de marca accesible.

Usar Sarcasmo y Humor

Nuevamente, las personas saben cómo el humor y el sarcasmo pueden ganar un enorme número de usuarios. Puede usarlo para mostrar un lado más ligero de su marca. Existen muchos GIFs graciosos disponibles en Internet que pueden ser usados para demostrar su punto sin ofender a sus clientes y seguidores. Ser consistente en mostrar humor inteligente mantiene a sus seguidores esperando más contenido y respuestas por su parte.

Algunos ejemplos de marcas que constantemente usan ingenio en su contenido y respuestas son Netflix, KFC, Oreo y Moosejaw. Estas marcas saben cómo mantener su contenido original y fresco, así como mantener a sus fanáticos entretenidos con respuestas ingeniosas. Puede examinar a estas marcas más de cerca y sus estrategias de marketing para aprender más.

Sin embargo, las estadísticas demuestran que al 88 por ciento de los seguidores no le gustan las respuestas sarcásticas a sus dudas, y sienten como si las marcas se burlaran de ellos. Esto podría llevar a la caída de usted y el nombre de su marca, por lo tanto, es mejor evitar usar el humor si no es apto para ello. Incluso si su publicación se viraliza, podría llevar a muchas respuestas negativas en lugar de positivas. En este caso, es más inteligente evitar las bromas y tomar un camino más directo.

Escucha Social

Al comprar un producto, las personas depositan su confianza en usted y quieren recibir el valor de su dinero. Si no están satisfechos con sus productos o servicios, es su derecho reclamar y exigir un reembolso. Debe escuchar las consultas y quejas de sus clientes y atenderlas para construir una marca auténtica y confiable. Sin embargo, aléjese de los clientes que simplemente intentan aprovechar potenciales productos gratuitos o reembolsos ilegítimos.

Intente responder a sus clientes respondiendo personalmente a sus tweets o enviando un mensaje privado. Deje su dirección de correo electrónico o detalles de contacto para seguir adelante.

Chats de Twitter

Usar los chats de Twitter es la máxima forma de formar más conexiones y seguidores involucrándose en los temas adecuados de chat con personas y marcas que piensan como la suya. Requiere que usted permanezca activo en las conversaciones, siguiendo personas y manteniendo las relaciones vivas tras salir del chat. Esta es una manera no solo de atraer seguidores aleatorios, sino también aquellos quienes apreciarán su marca y la promocionarán de manera sincera. También puede comenzar su propio chat si tiene dificultad para encontrar uno donde "encaje". De cualquier manera, esto es genial para atraer más atención, lo que realmente ayudará a su marca. Manténgase al día con los temas, y participe en los chats de Twitter tanto como pueda. También puede promocionar sus chats de Twitter en otras redes sociales para atraer a sus seguidores a Twitter o utilice TweetDeck, Twubs o herramientas similares con este propósito.

Estrategia 2: Uso Adecuado de Hashtags

Todo el mundo conoce la importancia de los hashtags en Twitter. La mayoría de la exploración y las búsquedas tienen lugar mediante el uso de los hashtags adecuados. Sin embargo, tenga cuidado, ya que puede provocar el efecto contrario si no se usan de la manera correcta. Dependiendo del tipo de marca o contenido, investigue los hashtags adecuados o use herramientas que determinen un cierto conjunto de hashtags para publicar con su contenido. Esto le ayuda a marcar su presencia agrupando su contenido con publicaciones relevantes. De esta manera, los usuarios también pueden buscar su perfil de manera más fácil.

También hay una tendencia creciente a crear hashtags propios y animar a los seguidores a usarlos para aumentar la interacción. Por ejemplo, puede organizar concursos que permitan a sus seguidores etiquetar a otros usuarios con su hashtag creado, lo que tiene el potencial de viralizarse y ayudarlo a obtener reconocimiento.

Estrategia 3: El Uso de Elementos Visuales

El contenido visual ha demostrado atraer audiencias de manera tres veces más efectiva que el texto simple. Publicar contenido visual muestra atención y agrega personalidad a su cuenta. Ya sea una imagen, video o GIF, los seguidores reaccionan más al contenido visual, ya que tiende a entregar un mensaje más claro y mostrar esfuerzo.

Videos Cortos

Los videos cortos son la forma más verdadera de participación en cualquier plataforma de red social, y esto obviamente también aplica a Twitter. Con el uso extensivo de teléfonos inteligentes, más personas se están volcando a la aplicación móvil de esta plataforma y conformando más del 90 por ciento de las vistas de videos. Puede o publicar un video previamente grabado o experimentar con videos de diferentes duraciones grabando directamente desde su teléfono. Y debido a que se reproduce automáticamente, su audiencia se involucra instantáneamente en este tipo de contenido a medida que se desplazan.

GIFs

Los GIFs son un tipo de contenido subvalorado que puede lograr una poderosa acción de marketing. Son mucho, mucho más que gráficos breves y divertidos, y pueden ser usados para transmitir información robusta que captará la atención de su audiencia dentro de un breve periodo. También puede editar su contenido visual y compilar cortes para destacar sus productos y otra información importante relacionada a su marca.

Imágenes y Videos

Para crear contenido visual en la forma de imágenes y videos, puede usar las siguientes ideas de contenido para crear más participación:

- Cree una serie de videos en torno a "un día típico en la oficina" o tras bambalinas.

- Entreviste a todos los trabajadores uno por uno y hágalo un tipo semanal de contenido.

- Entregue su cuenta a un influencer para atraer más seguidores y darle un giro fresco.

- Incluya proyectos de bricolaje o publique videos instructivos mostrando sus productos.

- Realice cuestionarios y concursos de regalos para lograr más interacción con los usuarios.

- Opte por un crossover con otras marcas o compañías, dependiendo del tipo y tamaño de su marca.

- Use tweets de video, como se dijo anteriormente.

Algunos Consejos Más

Si bien estas estrategias son importantes para mantener su marketing vivo, existen algunas cosas a las que aún debe prestarle atención.

- *Construyendo un Gran Perfil*

Ahora que su cuenta de Twitter está funcionando, es momento de construir su perfil para crear un impacto en sus seguidores y audiencias futuras, además de construir una biografía brillante que capture la atención de seguidores potenciales, también necesita agregar palabras clave específicas, su ubicación y ciertos hashtags que fortalecerán su perfil. Sabe que ha tenido éxito en construir un perfil de primer nivel cuando sus seguidores le envían mensajes directos o lo felicitan por su presencia en tiempo real. También, posiblemente ganará seguidores rápidamente.

Dado que esta plataforma le permite usar pocos caracteres dentro de su biografía, debe ser inteligente escribiendo una introducción pegadiza, ya que actuará como la primera impresión en sus seguidores.

Haga que su marca sea vista ajustando aún más su perfil, usando su localización y estrategias SEO. También intente ser verificado tan pronto como pueda. Ser verificado muestra a sus usuarios que usted es auténtico, y que, por lo tanto, pueden confiar en su marca.

- *Profundizando en Analytics*

Puede usar Twitter Analytics para medir y revelar estadísticas detrás de la participación de su cuenta y seguidores. Puede visualizar los datos demográficos de su contenido, seguidores y ubicación. También puede medir la interacción con sus seguidores en cada publicación, como likes, comentarios y retweets. Esto le puede otorgar una imagen más clara respecto al tipo de contenido que genera más interacción, guiándolo en la dirección correcta.

- *Programando y Publicando*

Las personas están más activas en las redes sociales, particularmente en Twitter, durante ciertas horas del día. Es la hora peak de participación y la hora adecuada de publicar su contenido para obtener una máxima cantidad de likes, comentarios y retweets antes que su tweet se pierda en el olvido. Los horarios más sugeridos para twittear son las 12 del día, así como las 5 y las 6 de la tarde, pero esto puede variar dependiendo del tipo de seguidores y contenido.

Cuánto publica en un día también importan. Debe twittear al menos una vez al día para atraer más atención. Mientras mayor sea la frecuencia con la que twittea, más presencia gana. Intente experimentar con diferentes horarios y frecuencias para lograr la máxima participación. Programe sus contenidos y tweets adecuadamente, o use herramientas para predecir el horario óptimo para publicar, y subir contenido automáticamente.

Finalmente recuerde seguir su plan de marketing. No programe para luego olvidarse; sea consistente y siga adelante. Es un comienzo lento para todos, pero eventualmente, logrará construir una comunidad gigante mientras se mantenga consistente y original.

Capítulo 10: Marketing en Instagram

Instagram es una de las redes sociales más populares, con un total de más de 800 millones de usuarios. Lo que más sorprende de Instagram es que al menos 500 millones de usuarios están activos cada día, y el ritmo de crecimiento es tan grande que existe un aumento de 100 millones de usuarios por mes. Esto lo hace una plataforma esencial para cualquier negocio no solo para aparecer, sino también para difundir conocimiento respecto a su marca, atrayendo tráfico a su sitio web e impulsando sus ventas generales.

Si bien los usuarios de Instagram en un comienzo eran conocidos por ser mayoritariamente gente joven, haciéndolo extremadamente beneficioso para los negocios dirigidos a la juventud, las generaciones mayores también están adoptando la plataforma y han comenzado a aparecer allí, lo que le hace más fácil alcanzar varios tipos de público.

Usar Instagram es valioso para su negocio ya que la tasa de participación en las publicaciones, un increíble 4,21 por ciento, es 58 veces mayor que en Facebook y 120 veces mayor que en Twitter. Entonces, si busca hacer crecer su negocio, llegar a una audiencia más amplia, y obtener un mayor retorno sobre la inversión, a continuación, hay tres estrategias que debe usar en Instagram:

Estrategia 1: Historias de Instagram

Una de las cosas que ha hecho exitoso a Instagram es que su equipo siempre está desarrollando la plataforma y buscando maneras para asegurarse que los usuarios no solo la continúen usando, sino también permanecer por más tiempo. Una de las funciones que agregaron fueron las historias de Instagram, y se han vuelto una herramienta incluso más ventajosa y útil para usar. Eso es porque 400 millones de usuarios navegan por las historias de instagram cada día, haciendo de los anuncios en las historias una excelente manera de llegar a una mayor audiencia.

Entonces, ¿cómo usa las historias de Instagram a su favor?

Los anuncios en historias le permiten al anuncio de su negocio mostrarse entre historias y alcanzar usuarios a medida que navegan entre otras historias. Pero lo que es realmente cautivador acerca de las historias de Instagram es que le dan la oportunidad de ser mucho más divertido y creativo, así como visualmente atractivo. Los anuncios en historias le permiten a su negocio usar todas las características disponibles en las historias de Instagram para construir un anuncio que sea cautivador e interesante, o uno que requiera que un usuario se vuelva más interactivo. Aquí hay algunos consejos para ayudar a su negocio a aprovechar al máximo las historias de Instagram, especialmente porque el porcentaje de clics en las historias es mucho más alto que el de los anuncios en el feed, haciendo que el retorno de la inversión sea aún más alto:

Cree Contenido Divertido e Interesante

Usted tiene solo 15 segundos para transmitir su mensaje y llegar a su público, por lo que realmente tiene que aprovecharlo al máximo. Sin embargo, con las herramientas disponibles en las historias de Instagram, puede hacer que sus historias sean llamativas e interesantes. Estas herramientas incluyen texto superpuesto, el que le permite destacar el mensaje que quiere enviar y hacerlo destacar, de forma fuerte y clara. También puede usar los GIFs que están instalados en las características de las historias, que realmente son divertidos y tiernos, y tienen el poder de cautivar a la audiencia con su alegría.

Use Encuestas y Deslizadores

Otra característica de las historias de Instagram que realmente ayuda a construir una relación con la audiencia es el uso de encuestas y deslizadores para lograr que la audiencia interactúe con el perfil de su negocio. Con las encuestas, usted puede publicar una imagen y hacer que los usuarios voten por su preferida dándoles la opción de escoger derecha o izquierda. También puede hacer una pregunta y otorgar la opción de votar o usar una respuesta abierta. Sin embargo, en la mayoría de los casos, votar obtiene más respuestas ya que requiere menos esfuerzo por parte del usuario. Con los deslizadores, logra que la audiencia participe solo usando un emoji deslizante para reaccionar a su historia y mostrar que les gusta. La razón por la cual estas características de las historias de Instagram son una gran forma de contenido, es porque requieren que el público objetivo participe con su publicación, lo que lo ayuda a construir una relación más cercana con potenciales clientes.

Construya una Relación con Su Audiencia

Debido a que existen tantos negocios, la mayoría de los usuarios tienden a apreciar el hecho de volverse cercanos y ver qué ocurre tras bambalinas. Puede usar las historias de Instagram a su favor permitiéndole a su audiencia ver contenido tras bambalinas. Esto puede ser hecho mostrando el proceso de cómo sus productos cobran vida, tomando sus opiniones en diseños futuros, o incluso permitiéndoles ver los rostros detrás de la marca y construir una conexión personal con ella observando las actividades día a día. De esta manera, logran conocerlo a usted y a sus trabajadores a un nivel personal. Las historias de Instagram le permiten ser divertido, poco convencional o personal, ya que las historias duran solo 24 horas, lo que le permite que no es necesario adherirse 100% a su personalidad de negocios pulida y profesional.

Use Contenido Generado por los Consumidores

Las historias de Instagram le permiten a su negocio ser mucho más interactivo con la audiencia, ya que muchas campañas pueden ser impulsadas solo a través de Instagram. Esto puede hacerse pidiendo a su público que publique una foto con su producto para ganar un producto gratis, mostrar cómo lo usan en una forma inteligente, divertida o absurda, o tener una idea que anime al usuario a publicar en su nombre, etiquetando su cuenta, y también ayudándole a usted a alcanzar su audiencia.

Otros Consejos

Además de las encuestas, deslizadores y contenido generado por los usuarios, hay otras formas de hacer que su audiencia participe con sus historias. A continuación, se muestran algunos consejos para usar esta característica de forma efectiva:

- **Menciones**

Mencionar otra cuenta, usuario o incluso un influencer en sus historias es una manera fácil de hacer que re-publiquen su contenido en sus propias historias. Esto significa que usted puede alcanzar una audiencia más amplia.

- **Highlights**

Una de las características actualizadas de Instagram le permite guardar historias en su perfil como momentos destacados y mostrarlos a otros usuarios cuando recién llegan a su página. Esto hace más fácil mostrar cualquier cosa que sea importante para usted.

- **Etiquetas Geográficas**

Una de las características de las historias de Instagram que le permite llegar a una audiencia específica es el uso de etiquetas geográficas. Estas apelan a usuarios de un área específica ya que se conectan más con su marca, e incluso pueden ser vistos por personas dentro de esa ubicación incluso si no lo siguen.

- **Hashtags**

En Instagram los hashtags son todo. Usar uno en sus historias la agregarán automáticamente a la lista de publicaciones en aquel hashtag, ayudándole a su negocio a ser más visible a nuevos usuarios y potenciales seguidores.

Estrategia 2: Publicaciones de Compras

Para los negocios que usan Instagram como una herramienta para promocionar sus productos, Instagram Shopping realmente puede ayudar a impulsar las ventas. En lugar de depender de que sus usuarios se dirijan a su sitio web, herramienta, o incluso enviarle mensajes directos para preguntar por más información, Instagram Shopping les permite hacer una compra en ese mismo momento.

¿Por Qué Instagram Shopping es una Gran Herramienta de Marketing?

- **Actúa como una Tienda Virtual para Su Negocio**

Con Instagram Shipping, ahora puede mostrar los precios de sus productos cada vez que un usuario toca la foto en su feed. Para hacer las cosas incluso más fáciles para que el usuario haga una compra instantánea, pueden tocar el precio, escoger el tamaño y el color que quieren, y finalizar la compra. Esto también aumenta el nivel de participación en cada publicación; mientras más personas la vean, más toques tendrá.

- **Le Permite Dirigir Más Tráfico a Su Tienda**

Si no quiere usar Instagram como su tienda virtual, y está más interesado en ganar más tráfico en su sitio web, puede fácilmente redirigir usuarios a su tienda una vez que hayan hecho clic en la publicación en su feed, revisado el precio, y decidido hacer la compra. Instagram Shopping le permite agregar un enlace a su sitio web o tienda virtual, y hacer que la gente haga la transacción allí, aumentando el tráfico en su sitio web a través de su cuenta de Instagram.

- **Le Da a Su Negocio Muchas Maneras de Presentar Sus Productos**

Puede escoger mostrar sus productos en un carrusel, permitiendo a su negocio presentar una variedad de productos al mismo tiempo por la habilidad de etiquetar 20 productos diferentes en la misma publicación. Esta es una gran herramienta de publicidad, ya que puede mostrar una colección completa y alcanzar más de una audiencia a la vez, mientras sigue pagando lo mínimo.

Otra opción es usar una publicación en el feed, donde puede etiquetar hasta cinco productos. Esto le permite armar un conjunto completo o una exhibición con productos que se complementan entre sí. Incluso puede publicar historias de Instagram con los productos etiquetados, otorgándole la habilidad de usarlos como anuncios de historias.

Configurando Instagram Shopping

Si ya tiene una cuenta de Instagram para su negocio, configurar Instagram Shopping es muy simple:

- **Paso 1: Asegúrese Que Su Cuenta Comercial Cumpla con los Requisitos de Instagram Shopping**

Su negocio debe estar ubicado en uno de los 46 países aprobados, como Estados Unidos, Canadá, Puerto Rico, Francia,

Reino Unido, Alemania, Italia, España, Holanda, Suecia, Suiza, Irlanda, Sudáfrica, Bélgica, Austria, Polonia, Grecia, Portugal, y más.

Además de ello, debe tener un perfil de negocios en Instagram.

- **Paso 2: Conecte su Cuenta de Instagram a un Catálogo de Facebook**

Para configurar un catálogo de productos en Instagram, debe tener una página de Facebook vinculada a su cuenta de Instagram, con un catálogo de Facebook mostrando sus productos.

Puede hacer esto yendo a su página comercial de Facebook y agregar una sección de tienda. Todo lo que debe hacer es hacer clic en la pestaña Tienda y ejecutar los siguientes pasos:

1. Presione en Crear Tienda y acepte los términos y condiciones

2. Ingrese la dirección del negocio y haga clic en Siguiente.

3. Elija qué moneda le gustaría usar en su tienda de Facebook, luego ingrese la dirección de correo electrónico de su negocio y haga clic en Siguiente.

4. Ingrese la información de registro fiscal.

5. Una vez que haya hecho clic en Finalizar, puede comenzar a agregar productos a su tienda.

- **Paso 3: Su Cuenta será Verificada**

Luego Instagram verificará su cuenta y revisará si usted cumple con todos los requisitos antes de otorgarle acceso. Esto puede demorar un poco, así que tenga paciencia.

- **Paso 4: Agregue Etiquetas de Productos a Sus Publicaciones**

Cuando Instagram le haya dado luz verde y le haya otorgado acceso a Shopping, puede empezar a etiquetar productos en sus publicaciones de la misma manera como etiqueta personas.

Luego de escoger una foto de su galería, editar los filtros, y agregar las leyendas y hashtags que quiere incluir en su publicación, encontrará una opción de Etiquetar Productos justo debajo de Etiquetar Personas. Haga clic allí y comience a escribir el nombre del producto. Recuerde: puede etiquetar hasta cinco productos en su primera publicación. Cuando esté listo, puede compartir su publicación, y será agregada a su feed.

Estrategia 3: Anuncios de Instagram

Debido a la popularidad de Instagram, es una gran herramienta para que las empresas la utilicen con fines publicitarios. Le permite ser mucho más creativo y alcanzar una audiencia más amplia, así como asegurar un mayor retorno de la inversión debido a la alta tasa de participación, haciéndola una herramienta publicitaria útil y económica. Puede incluso incluir anuncios de Instagram en sus campañas de anuncios de Facebook, es fácil y sin complicaciones. Aquí hay algunas maneras con las que puede obtener resultados óptimos publicitando en Instagram:

Anuncios en Video

Los anuncios en video son el futuro de las redes sociales, y por eso es tan esencial incorporarlos en su estrategia de publicidad. Con un 72 por ciento de publicaciones compartidas en Instagram siendo fotos, los videos le dan a su negocio una real ventaja para sobresalir. Sin embargo, cuando las usa como una herramienta publicitaria, debe asegurarse que sus videos sigan teniendo la atracción visual que encaja con la identidad de la plataforma. Esto puede hacerse presentando el video con colores y lindas imágenes. También, intente evitar ser extremadamente promocional. Para obtener los mejores resultados usando anuncios en video, debe hacer el video breve y cautivador manteniéndolo divertido o interesante. Puede invocar una cierta emoción, ofrecer un consejo rápido o un consejo.

Otro consejo al crear anuncios en video es usar videos verticales, ya que usan más espacio en la pantalla y le permiten a su video reproducirse automáticamente cuando alguien navega por su feed. Esto significa que el tamaño ideal de videos en Instagram es de 600x750. Para captar la atención del usuario instantáneamente, debe comenzar a trabajar e iniciar su video con algo que convenza al usuario de detenerse en él. Aunque sea un video promocional, debe evitar comenzar su video con el logo de una compañía o cualquier cosa que parezca muy promocional, o de lo contrario perderá su atención inmediatamente. Recuerde que, para empezar, la mayoría de las personas tiene el sonido apagado, por lo que debe usar poderosos elementos visuales para convencerlos de encender el sonido.

GIFs o Boomerangs

El contenido en video no tiene que ser producido y filmado. Incluso puede ser elaborado usando GIFs animados de sus productos, o incluso uno de sus productos petrificado con una herramienta de GIF animado que le agrega un poco de autenticidad y carácter. Otra gran opción es usar Boomerang, el cual muestra un movimiento divertido en la pantalla, haciendo que su producto parezca mucho más atractivo. Puede usar los elementos visuales de un cliente usando su producto, sacándolo de su caja, o colocándolo en un ambiente. Es pegadizo, breve, y definitivamente destacará en un mar de fotografías, haciéndola una gran manera de llegar a su audiencia y usar la publicidad en Instagram a su favor.

Influencers

Ya sea que le guste o no la idea de los influencers, ellos realmente ayudan a alcanzar una audiencia más amplia y a crear conciencia sobre su marca o producto. Hay muchos niveles de influencers en Instagram, y no todos ellos son costosos. Encontrará influencers de gama media, quienes aún tienen miles de seguidores, pero no cientos de miles o millones, haciéndolos una opción más económica.

La razón por la cual colaborar con un influencer produce excelentes resultados en Instagram es porque tienen una gran cantidad de fanáticos que los admiran, disfrutan su contenido, y confían lo suficiente en ellos como para escuchar lo que dicen. Debido a la alta tasa de participación que la mayoría de los influencers tienen, cuando le envían un saludo a su negocio o lo mencionan en sus historias, publicaciones o videos breves, lo más probable es que obtenga algunos seguidores y les haga saber que su negocio existe. Sin embargo, es esencial escoger cuidadosamente al influencer con quien colaborará, ya que quiere asegurarse que se dirigirá a la audiencia correcta y que su imagen no dañará a su negocio de ninguna manera.

Lead Ads

Una de las ventajas de usar lead ads en Instagram es que no requieren que la audiencia haga un gran esfuerzo, pero igualmente le permiten dar el primer paso para construir una relación con un cliente sin ser muy promocional. Esto puede hacerse pidiéndoles suscribirse a su boletín informativo, o recibir un consejo, un obsequio o actualizaciones por correo electrónico. Sin embargo, dado que Instagram ya almacena la información necesaria, no es necesario que los usuarios llenen un formulario con sus detalles, sino automáticamente se muestra la información personal que el cliente necesita. Solo se requiere que hagan clic en "enviar".

Anuncios en Historias

Como se dijo anteriormente, las historias de Instagram están ganando popularidad, haciéndolas una excelente herramienta publicitaria. Si bien puede escoger entre muchos tipos diferentes de historias para mostrar a sus usuarios, en general, una historia atractiva probablemente funcionará de mejor manera. Esto puede hacerse mediante encuestas, deslizadores, lead ads, o hacer que los usuarios deslicen hacia arriba y lleguen a su sitio web. Solo tenga en mente que tiene solo 15 segundos para captar su atención, por lo que su anuncio realmente debe ser cautivador.

Existen muchas razones por las cuales un negocio debe tener una presencia sólida en Instagram. Dado que es una plataforma en constante crecimiento, es una gran herramienta de marketing que cualquier negocio puede usar. Ayudándole a alcanzar sus metas de marketing, ya sea alcanzar una audiencia más amplia, impulsar las ventas, o tener una presencia en línea más sólida, Instagram es una herramienta que su negocio debe usar.

Capítulo 11: Marketing en Snapchat

Más que solo una red social de entretención, Snapchat es ampliamente usada para marketing estos días. ¿Pero acaso usted dice "pero no es más que filtros y lentes extravagantes"? Bien, las marcas se están empezando a dar cuenta del potencial de esta herramienta subvalorada que ha evolucionado con los años. El concepto de imágenes y videos que desaparecen fue considerado una vez como contenido débil que no ganaría mucha interacción. En esos momentos, crear un presupuesto e invertir en esta plataforma parecía una pérdida de tiempo y dinero. Sin embargo, con muchos experimentos y una vasta experiencia de largos años, este concepto se ha convertido en una poderosa estrategia para todas las marcas que intentan dejar su marca en línea.

Snapchat una vez fue testigo de un punto bajo tras su lanzamiento, pero luego escaló rápidamente entre los años 2015 y 2016, cuando los usuarios se duplicaron desde 100 millones a 200 millones en todo el mundo. Alrededor del 75 por ciento de esos usuarios estaban diariamente activos en Snapchat. Si su marca apunta a una audiencia más joven, como usuarios en torno a los 20 años y la población de la Generación Z, Snapchat es la plataforma adecuada para usted.

¿Por Qué Snapchat?

Algunas sorprendentes estadísticas revelaron el poder de esta red social y cómo puede ser una importante herramienta para que su negocio consiga más ganancias y ventas. Como se mencionó, Snapchat atiende a 200 millones de usuarios quienes colectivamente ven más de 10 mil millones de videos cada día. Mientras los usuarios ven este apabullante número de videos, ellos de manera entusiasta contribuyen a ellos y producen alrededor de 3 mil millones de videos cada día, con un 76 por ciento de ellos incluyendo productos para vender en línea. Snapchat recientemente ha superado a otras plataformas como Twitter, LinkedIn y Pinterest en términos de usuarios regularmente activos. Una fracción significativa de esos usuarios está basada en Estados Unidos y Norteamérica.

Razones para Incluir a Snapchat en su Plan de Marketing

- **Proporciona Una Forma Diferente de Participación**

Este libro ha discutido una y otra vez cómo las historias, como concepto de participación, han florecido. Y de eso se trata Snapchat; imágenes y videos que desaparecen luego de 24 horas. Los usuarios seguramente recordarán las imágenes en movimiento y los videos mejor que el contenido de texto fijo. Las historias le brindan la oportunidad de crear contenido creativo que permanece fresco y no se vuelve repetitivo. Es muy probable que sus usuarios no recuerden el contenido publicado un mes atrás, lo que puede ser una importante ventaja. Puede crear campañas o fragmentos de sus largos videos para ofrecer a sus usuarios un adelanto de su siguiente proyecto, como Taco Bell lo ha estado haciendo durante algún tiempo.

- **Se Ubica Entre las Plataformas Menos Competitivas**

Como se dijo al inicio de este capítulo, Snapchat ha sido subestimado como plataforma de marketing. Muchas marcas aún evitan su uso y se han volcado a Instagram, Facebook y Twitter. Ya es hora de que utilice esta plataforma y la aproveche al máximo. Dado que muchas marcas y compañías aún no descubren el potencial de marketing de Snapchat, hay menos competencia allí. Es el momento adecuado para establecer su presencia y crear interacción a través de esta plataforma.

- **Relajada**

Si su compañía exige un lenguaje más bien profesional y formal para interactuar con los usuarios, Snapchat no es para usted. Sin embargo, esta plataforma ha otorgado cierta personalidad a la mayoría de las marcas que la utilizan. Con contenido que desaparece, filtros, lentes, doodles, videos en tiempo real y bitmojis, este medio es fresco, puro y peculiar, por lo que atrae a un público más joven. No lo presiona a usted o a su marca a ser más formal. De hecho, lo anima a ser más interactivo con sus seguidores, mostrándoles el verdadero rostro de su marca.

- **Impulsada por la Tecnología**

Muchas redes sociales usan características actualizadas tecnológicamente como geolocalización y realidad aumentada. Snapchat lo inició todo. Con nuevos filtros, lentes y características que son actualizadas cada cierto tiempo, dentro de la plataforma, Snapchat puede ser llamada experta en tecnología. Este libro ha discutido el origen, la importancia y el futuro de la realidad aumentada en los capítulos anteriores, junto con cómo los usuarios y potenciales seguidores pueden ser atraídos con esta característica para marketing efectivo.

Estrategia 1: Historias Vinculadas

La característica de "deslizar hacia arriba" en Snapchat ha sido útil desde su presentación, especialmente para marcas y compañías que intentan generar ingresos a través de las redes sociales. Ahora puede adjuntar enlaces de sitios web o aplicaciones a cualquier historia o snap que envía a sus clientes, y se ha convertido en una de las estrategias más poderosas de marketing. Una vez que sus clientes hagan clic en el enlace de "deslizar hacia arriba", son dirigidos a una nueva ventana que contendrá un artículo relevante o su sitio web. Al funcionar más bien como anuncios, el concepto de historias vinculadas será más discutido en este capítulo. Pero antes de eso, primero, comprenda el procedimiento de adjuntar enlaces a sus historias.

➤ Haga clic en una imagen relevante o grabe un video basado en su requerimiento de contenido, o suba una imagen de su galería. Agregue filtros, emojis, música y stickers si lo prefiere.

➤ Cuando revise la vista previa del snap, verá un ícono que representa los sitios web y URL vinculados.

➤ Tendrá una opción de Escribir una URL. Copie y pegue la URL del sitio web que quiere vincular, o escríbalo si lo recuerda. Puede ver este enlace en una ventana dentro de la aplicación.

➤ Luego, puede encontrar una opción de Agregar al Snap en la parte inferior de la página. Tóquela para vincular su sitio web con su imagen o video. Ahora puede enviarlo a sus amigos o ponerlo como una historia.

Esta útil característica también puede ser usada dentro de los chats. Solo necesita copiar y pegar la URL en los chats o directamente escribirlas al responder a sus amigos. Aunque esta característica ha estado funcionando desde julio de 2017, no muchas compañías la están aprovechando. Por lo que es una buena idea enlazar sus historias directamente con la página de la tienda de su compañía o blog creando contenido atractivo para impulsar más ventas y aumentar el tráfico.

Estrategia 2: Snaps Tras Bambalinas

Esta es, por lejos, la forma más pura de interacción que cualquier marca puede ofrecer. Al mostrar escenas tras bambalinas a sus seguidores, incrementa sus chances de interacción y participación ya que tienden a confiar más en usted. Estos exclusivos vistazos e información serán muy apreciados por su audiencia. Es realmente un placer ver la elaboración de los productos favoritos de las personas, y el trabajo realizado por cada miembro de su equipo. Cuando sus clientes conocen y tienen acceso a todo lo que ocurre en el backstage de su trabajo, pueden confiar plenamente en usted al familiarizarse con el ambiente y el carácter de su empresa.

Cómo Usar Contenido Tras Bambalinas en Snapchat

- **Un Día en su Oficina**

Grabe un día entero en su lugar de trabajo y destaque los puntos importantes que hacen emocionante un día de trabajo regular. Comience ingresando a su oficina, teniendo interacciones y conversaciones normales con sus colegas como lo haría normalmente, y agregue algunos vistazos de momentos importantes.

- **Preguntas y Respuestas de los Trabajadores**

Permita que su equipo completo maneje la cuenta de Snapchat de su marca y que se hagan entrevistas entre ellos mismos, o con cualquier seguidor entusiasmado cuando haya conseguido algunos. Incluya respuestas a preguntas como "¿Por qué te gusta trabajar aquí?" y "¿Cómo esta marca se ha vuelto una parte importante de tu vida?".

- **Cómo se Hace**

Si tiene una fábrica o un taller que fabrica sus productos, lleve a sus seguidores a un recorrido virtual para mostrarle cómo se hacen sus productos. Esto mostrará la verdadera calidad de sus productos y demostrará a sus clientes que no tiene miedo de mostrarles el proceso.

- **Humor y Diversión**

Si su equipo consiste en personas hilarantes, puede hacer algunas bromas o acertijos entre ellos, o simplemente crear contenido divertido para mantener a su audiencia completamente comprometida. El contenido divertido ciertamente se difundirá y será compartido con más frecuencia, haciendo que sus clientes y seguidores quieran más.

Estrategia 3: Anuncios de Snapchat

Los anuncios de Snapchat son una nueva función diseñada para expertos en marketing y creadores de contenido, y han resultado un éxito espectacular. Esta nueva actualización ha permitido a las marcas y empresas alcanzar millones de usuarios alrededor del mundo y crear conocimiento de marca. Ya sea que necesite impulsar ventas o incrementar el tráfico en su sitio web y plataformas de redes sociales, los anuncios de Snapchat sirven para todos esos propósitos. Esta función les permite a los usuarios visitar su sitio web directamente o guiar a los seguidores locales y usuarios hacia su tienda. También los lleva a descargar su aplicación creando un enlace hacia la Play Store o App Store.

Puede poner sus anuncios entre medio de sus historias luego de planificar cuidadosamente el contenido de un día en cualquier campaña. Al mostrar a sus seguidores su intención y propósito, puede hacer que se interesen en deslizar hacia arriba el enlace en el anuncio. Como se mencionó, puede guiarlos hacia su sitio web, tienda en línea, aplicación, lentes de realidad aumentada o video para aumentar la interacción y la participación.

Tipos de Anuncios

Snapchat ofrece muchas opciones publicitarias que son muy efectivas en aumentar los seguidores y la participación. Dependiendo de su marca y el contenido que crea, las siguientes características o tipos de anuncios pueden usarse para promover sus productos o servicios a la perfección.

- **Collection Ads**

Principalmente útiles para compras e impulsar ventas, los Collection Ads le permiten mostrar una gama de productos que pueden ser visto con simples toques y comprados fácilmente a través de un enlace de deslizar hacia arriba a su sitio web o tienda en línea.

- **Snap Ads**

Consisten en una sola imagen o video, los Snap Ads le brindan el diseño de una imagen, video o GIF que le permite a los usuarios acceder al sitio web de su marca o al enlace de su aplicación con un solo deslizamiento.

- **Anuncios en Historias**

Esta función muestra su anuncio en la forma de un mosaico "Descubre" junto a otros anuncios populares y de moda en los feeds de sus usuarios. Esto apunta a sus potenciales usuarios basándose en los datos demográficos relevantes

- **Filtros y Lentes**

Ahora puede crear sus propios filtros y lentes, y personalizarlos según la imagen de la marca. Es una manera impecable para generar interacción con sus clientes a través de la realidad aumentada y filtros divertidos.

- **Videos No Omisibles o Comerciales**

Al igual que en Instagram y Facebook, también puede crear contenido de video de calidad comercial que no se puede omitir, para servir como anuncios para su marca. Puede ubicarlos entre su contenido premium y generalizado.

Administrador de Anuncios de Snapchat

Con la versión comercial de Snapchat, puede crear anuncios en el momento. Esta red social ha creado el Administrador de Anuncios, la cual es una herramienta de autoservicio para crear anuncios. Le da la flexibilidad de crear excelente contenido en imágenes y video y administrar sus anuncios sin costo alguno. Una vez que tenga su cuenta configurada en el Administrador de Anuncios, estará listo. No solo puede crear contenido y planificar sus campañas a través de esta herramienta gratuita, también puede escoger su audiencia dependiendo de su ubicación, y analizar el rendimiento de sus anuncios.

En la ventana del Administrador de Anuncios puede acceder al Panel de Control y a la Librería Creativa para crear, editar y ver sus anuncios. La opción de Público Personalizado le permite crear y dirigir su audiencia dependiendo de su marca, ubicación y otros datos demográficos. Finalmente, el Centro de Ayuda le permite navegar a través del Administrador de Contenidos y guiarlo a través de problemas comunes.

Eche un vistazo a cómo funciona el Administrador de Anuncios y algunos pasos necesarios que se deben tomar:

1. Primero, identifique el objetivo principal detrás de su anuncio o campaña, ya sea para generar más interacciones, aumentar los seguidores o solo expandir el conocimiento de la marca.

2. Establezca una fecha de inicio y término con una programación adecuada para su anuncio, además de elegir un nombre.

3. Dependiendo de la edad, género, ubicación, idioma, datos demográficos y tipo de seguidores, defina su audiencia objetivo usando las opciones disponibles.

4. Luego, establezca un presupuesto. El mínimo es $100. Esto le permite a Snapchat mostrar su anuncio a los usuarios que están interesados en su negocio y que es probable que compren sus productos o instalen su aplicación.

5. Elija su tipo de snap de las opciones Solo Snap Superior, Vista Web, Instalación de Aplicación, o Video de Formato Largo. Cree su título, escriba el nombre de su marca, y finalmente, seleccione su botón de llamada a la acción.

Después de haber lanzado su anuncio, puede monitorear su rendimiento a través de la función de métricas de los anuncios. Esta le notifica acerca del alcance de su campaña, el dinero gastado, y las impresiones que ha logrado. Es altamente recomendable que use el Administrador de Anuncios si planea usar Snapchat como su plataforma de marketing.

Consejos Adicionales

Estas tres estrategias pueden convertirse en importantes principios rectores para su plan de marketing en Snapchat. Sin embargo, para hacerlo aún mejor, debe considerar estos siguientes consejos:

No Haga Publicaciones Cruzadas

Si bien la gente sabe que Instagram y Facebook copiaron el concepto original de Snapchat de publicar contenido a través de historias, aún mantiene su auténtica autoría. Sin embargo, algunas marcas publican cruzadamente el mismo contenido en Snapchat,

Instagram, Facebook y Twitter, una y otra vez. En algún momento esto se vuelve monótono y aburrido. Si hace esto, podría perder muchos seguidores en todas sus plataformas de redes sociales, lo que podría ser riesgoso para su marca, especialmente si tiene un negocio en línea.

Planifique su contenido de manera diferente para todas las redes sociales que usa, e intente no ser repetitivo. A veces, podría quedarse sin ideas, y publicar cruzadamente de vez en cuando está bien. Pero por ningún motivo debe hacerlo regularmente. Mantenga su contenido diverso, pero siga el idioma de su marca. Esto hará que sus seguidores se sientan curiosos y los motivará a seguir su marca en cada red social para saber qué se está preparando.

Llegue a la Audiencia Correcta

A veces, incluso si vende productos que son eficientes y muestran mucho potencial, es posible que no logre impulsar las ventas y generar los ingresos planificados en un período específico de tiempo. También podría ir por el camino correcto en lo que respecta al marketing en redes sociales. Entonces, ¿qué podría salir mal? Un importante factor que podría alterar la interacción con sus seguidores, y llevar a bajas ventas, podría ser la incapacidad de su negocio en llegar a la audiencia relevante. Debe llegar a los usuarios accesibles de Snapchat que genuinamente podrían estar interesados en sus productos.

Puede dirigirse a usuarios basándose en su edad, ingreso familiar, género, likes y dislikes, hábitos, ciudad y país. Snapchat ofrece algunas sorprendentes herramientas para identificar y dirigirse a sus potenciales clientes, lo que podría cambiar completamente su forma de hacer marketing en redes sociales y generar más ventas.

Como otras redes sociales, Snapchat también puede ser intimidante al comienzo. Solo necesita mantenerse paciente y ser consistente para establecer la presencia de su marca y crear interacción espectacular. Ahora que ha leído acerca de varias redes sociales en detalle, es momento de construir sobre esta información y formular su plan de marketing. Sin embargo, antes de llegar a ese punto, continúe leyendo para aprender más acerca del marketing de influencers y las principales herramientas que puede utilizar este año para pulir sus estrategias de marketing, así como el futuro del marketing en redes sociales para ayudarlo a mantenerse a la vanguardia.

Capítulo 12: El Auge del Marketing de Influencers y Cómo Usarlo

El marketing de influencers es una gran herramienta de marketing para su negocio debido a su extrema efectividad. No solo el 86 por ciento de los expertos en marketing han usado activamente el marketing de influencers, también la cantidad de búsquedas de "marketing de influencers" en Google ha aumentado un 1.500 por ciento durante los últimos tres años.

La razón por la cual la inclusión del marketing de influencers en las estrategias de marketing de los negocios se ha vuelto imperativa, es porque los influencers en las redes sociales le ayudan a alcanzar su público objetivo específico y aumentar el conocimiento de su marca. Eso es porque los influencers de redes sociales tienen una gran cantidad de seguidores, así como una gran conexión y relación con sus fanáticos. Esto hace que su público objetivo sea confiable, leal, y esté dispuesto a seguir el consejo de sus modelos a seguir.

¿Por Qué el Marketing de Influencers Está en Aumento?

El marketing de celebridades se ha usado por décadas, donde una celebridad respalda a una cierta marca, convirtiéndose en la imagen de la marca o siendo vista usando sus productos. Sin embargo, usar una celebridad no solo es un método costoso, tampoco es tan efectivo, ya que la mayoría de las personas en estos días están al tanto de que es una estrategia de marketing.

Actualmente, con las redes sociales dando voz a los clientes regulares, se les ha permitido a las personas que están interesadas en un sector específico obtener reconocimiento por su autenticidad y conocimiento. Ya que las personas con los mismos intereses comienzan a seguir sus viajes, la cantidad de sus seguidores aumenta, convirtiéndolos en un influencer. Debido a que son clientes de la vida real que ofrecen información auténtica y valiosa, así como reseñas para sus seguidores, son considerados modelos a seguir que tienen el poder de influir en las decisiones que los seguidores toman. Basándose en estadísticas otorgadas por Mediakix, el 80 por ciento de los expertos en marketing están de acuerdo que el marketing de influencers es efectivo, y el 71 por ciento también concluye que los clientes generados por el marketing de influencers son de excelente calidad.

Como experto en marketing, usar influencers para ayudar a promocionar un negocio es una excelente manera de llegar a una audiencia que no solo está interesada en lo que ofrece su negocio, sino también se convierten en potenciales compradores, lo que lleva a un impulso en las ventas y los ingresos. Esto es porque la base de fans de los influencers usualmente consiste en aquellos que comparten un interés en el nicho de mercado del cual usted es parte, y tienden a seguir a esos influencers para ganar más conocimiento sobre ese sector. La diferencia entre los influencers y las celebridades es que el nivel de confianza, lealtad y participación de las redes sociales de un influencer es mucho mayor, haciendo que el retorno de la inversión y el resultado del marketing de influencers sea mucho más beneficioso para su negocio.

¿Cómo un Negocio Usa el Marketing de Influencers?

Hay muchos influencers disponibles para cualquier sector en el cual pueda pensar. Encontrará influencers de viajes, moda, comida, estilo de vida y belleza; vloggers y bloggers; defensores de los derechos humanos, derechos LGBTQ+, e igualdad de género; así como personas que luchan por cualquier otra causa social o ambiental, y muchos otros.

Entonces, la primera cosa que los negocios deben hacer es averiguar quiénes son los influencers en su sector. Esto puede hacerse revisando sus seguidores, ya que podría darse cuenta de que algunos de sus clientes son influencers que creen en su marca y lo que tiene para ofrecer. También puede analizar a las otras personas que sus fans siguen y señalar a quiénes encuentran influyentes.

¿Qué Puede Hacer un Influencer por Su Negocio?

La ventaja de trabajar con influencers de nicho es que genera el tipo exacto de público objetivo que busca; las personas que tienen más probabilidades de convertirse en potenciales clientes. Todo lo que debe hacer es escoger el tipo de influencer que se alínea con su marca y es relevante para su nicho de mercado.

De hecho, muchos negocios tienden a usar el marketing de influencers para aumentar el conocimiento respecto de sus marcas. Las estadísticas muestran que el 37 por ciento de los expertos en marketing han admitido haber usado marketing de influencers para construir conocimiento de su marca por lo efectivo que es, pero esta no es la única razón. Aquí hay varias otras maneras en que su negocio puede beneficiarse al trabajar con influencers:

Hacer Reseñas de Sus Productos o Servicios

Una de las maneras más comunes de usar un influencer es enviándoles un producto para que lo usen o hacer que prueben sus servicios por sí mismos. Luego, ellos darán su opinión honesta y ofrecerán reseñas respecto de su experiencia con su marca. Esto le ayudará a su negocio ganar más potenciales clientes, ya que trabajar con un influencer de nicho le dará acceso a la audiencia correcta.

Dar un Saludo a Su Negocio

Ya sea mediante una publicación, video breve, o incluso historias, un influencer que le envíe un saludo a su negocio ayudará a su base de seguidores familiarizarse con lo que su marca tiene para ofrecer. Esta puede ser una gran manera de generar más seguidores segmentados.

Hacerse Cargo de Su Cuenta

Otra forma de usar a un influencer para propósitos de marketing es permitiéndoles que se hagan cargo de sus redes sociales. El influencer tendrá acceso a su cuenta e interactuará con su audiencia directamente. De esta forma, sus seguidores pueden hacer preguntas, y el influencer las responderá, ofreciéndoles saber más sobre su día y dándoles una oportunidad de conectarse con una persona a la que admiran. Debido a que los influencers tienden a anunciar por sus redes sociales que tomarán el control de su cuenta, sus seguidores también se dirigirán a su cuenta, atrayendo más tráfico y participación, y expandiendo el conocimiento respecto a sus productos o servicios.

Colaboración

Puede elegir colaborar con un influencer haciendo que anuncien sus últimas campañas, dando un código de descuento por sus productos a sus seguidores, o incluso convirtiéndose en embajador de la marca para su negocio. Todo esto puede ayudarlo realmente a impulsar las ventas, ya que su base de fanáticos tendrá mucha fe y confianza en las recomendaciones del influencer.

Creación de Contenido

Muchas personas tienden a usar influencers porque son buenos creando contenido de video auténtico y real que atrae al consumidor. En lugar de gastar grandes sumas de dinero en producir videos profesionalmente, puede gastar una fracción de ese precio en contratar a un influencer que creará contenido atractivo para su marca. De esa manera, se asegurará que el nivel de participación será extremadamente alto, ya que tendrá a sus familias, amigos y seguidores para avalarlos.

Micro-Influencers vs. Influencers Famosos: ¿Cuál Tipo de Influencer es Mejor para Su Negocio?

Cuando se trata de influencers, siempre existe el dilema de qué tipo utilizar. Existen influencers famosos que tienen cientos de miles o a veces millones de seguidores, mientras que los micro-influencers tienen miles o decenas de miles de seguidores. Entonces, ¿cómo elige cuál es mejor para su negocio?

La cantidad de seguidores no siempre es el factor más importante que debe analizar; en cambio, debe observar la tasa de participación para ayudarlo a decidir. En la mayoría de los casos, descubrirá que mientras más seguidores un influencer posee, menos participación tiene, lo que indica que más seguidores no siempre significa una mayor interacción.

Al contrario, dado que los seguidores de nicho están conscientes de la identidad de sus influencers, y escogen a quién quieren apoyar y admirar, ellos tienden a tener más fe y lealtad en influencers más pequeños. Ellos sienten que pueden identificarse con ellos y confiar en su juicio. La mayoría de las personas saben que mientras más grande sea la base de seguidores, mayor es el acercamiento de las marcas hacia un influencer, haciéndoles perder su credibilidad y autenticidad en el largo plazo.

Beneficiándose de Micro-Influencers

Aquí hay algunas razones por las cuales en lugar de optar por algunos influencers famosos, debe usar entre 10 y 20 micro-influencers:

- **Mayores Tasas de Participación**

HelloSociety descubrió que los micro-influencers o cuentas con 30 mil o menos seguidores son mucho más beneficiosos para los expertos en marketing. Esto es porque estos influencers tienden a entregar tasas de participación 60 por ciento mayores, ya que su base de seguidores es más pequeña, más involucrada y más leal.

- **Rentables**

Una de las ventajas de usar el marketing de influencers es que es increíblemente económico. De hecho, los influencers son 6,7 veces más económicos que las celebridades, y crean 22 veces más entusiasmo. Esto significa que cada centavo que paga vale la pena, y el retorno de la inversión es realmente alto.

- **Más Económicos**

Ya que los micro-influencers son mucho más económicos, le permiten a su negocio usar varios influencers por el mismo costo que usar uno o dos influencers famosos. Esto le otorga la ventaja de alcanzar a una audiencia más amplia y más precisa, que realmente ayudará a hacer crecer su negocio de manera más efectiva.

• Contenido Diverso

Usar varios micro-influencers le permite volverse creativo con su negocio e intentar diferentes estrategias para ver cuál hace más eco con la audiencia. Esto no solo hace que su marca luzca creativa e innovadora, también ofrece al usuario una variedad de contenido para escoger, así como atender a diferentes audiencias. Por ejemplo, puede pedirle a un influencer que publique en sus redes sociales, a otro que haga que su audiencia participe en una campaña, a un tercero que cree contenido en video, y a un cuarto que haga reseñas o pruebe sus productos. Esto le permitirá tener contenido interesante y atractivo, así como hacer que su marca luzca muy expuesta y popular entre la mayoría de los influencers en ese nicho.

• Más Fácil de Alcanzar y Comunicarse

La mayoría de los micro-influencers responderán a sus preguntas mediante redes sociales, en lugar de tener que contratar a una agencia para llegar a ellos. También son menos quisquillosos y más abiertos a varias sugerencias, haciendo mucho más fácil tratar con ellos.

• Mayor Retorno de la Inversión

Como se dijo anteriormente, debido al poder que tienen los influencers sobre su audiencia, pueden dirigirla a su negocio y productos, convenciéndoles de probarlos. Esto significa que cada centavo que gasta en marketing de influencers tiene un mayor retorno, haciéndola una gran táctica de marketing para utilizar.

Si se está preguntando sobre si su negocio debería estar trabajando con influencers, la respuesta es definitivamente "¡Sí!". El marketing de influencers no solo está creciendo, también es extremadamente efectivo, poderoso y útil cuando se trata de llegar a la audiencia precisa que necesita para hacer crecer su negocio. Sin embargo, debe escoger cuidadosamente a los influencers analizando su contenido, seguidores y personalidades para asegurarse que son relevantes para su marca y cumplen con su identidad. Trabajar con influencers también lo ayudará a producir contenido creativo que realmente atraerá a sus consumidores y a diferentes audiencias, lo que le hará crecer su presencia en redes sociales, impulsará sus ventas, aumentará sus seguidores y le traerá clientes leales que creen en su marca y en lo que tiene para ofrecer.

Capítulo 13: Las 7 Mejores Herramientas de Redes Sociales en 2021

Hacer crecer sus redes sociales orgánicamente no es una tarea fácil, pero tampoco es algo imposible. Con las herramientas adecuadas, y una buena comprensión de los diferentes datos que puede usar, usted puede realmente optimizar su contenido para que sea más visible, buscado y útil para su público objetivo. Para lograr esto, aquí hay algunas herramientas para lograr un crecimiento orgánico que puede exportar en 2021:

1. TubeBuddy

Dado que el contenido en video es un punto clave en 2021, debe asegurarse de intensificar su apuesta en YouTube y concentrarse en contenido que sea útil, con gran capacidad de búsqueda y atractivo para una amplia audiencia. Aquí es donde entra TubeBuddy. Esta herramienta le da una ventaja competitiva a su compañía al intentar averiguar qué tipo de contenido crear y optimizar su video para asegurarse que ocupe un lugar destacado en las búsquedas. Si es nuevo en TubeBuddy, verá que hay una versión gratuita y otra pagada. Una vez que haya descargado TubeBuddy, puede elegir cuál funciona mejor para usted revisando las características disponibles, pero siempre es una buena idea probar primero la versión gratuita, y asegurarse que se sienta cómodo con el programa antes de involucrarse por completo. En su mayor parte, la versión gratuita igualmente le permite usar varias funciones importantes, como las siguientes:

Creación de Contenido Valioso

Una de las principales ventajas de usar TubeBuddy es que le ayuda a encontrar contenido con gran capacidad de búsqueda y optimiza sus palabras claves para fines SEO. Supongamos que está en la industria del fitness y se está preguntando qué tipo de contenido debe publicar. Naturalmente, lo primero que se le ocurriría sería algo sobre la pérdida de peso. Para averiguar si este es un tema que vale la pena abordar, puede agregarlo a la barra de búsqueda de TubeBuddy, y se le mostrará con un puntaje de palabra clave que le dará la respuesta. Esto depende en el volumen de búsquedas, determinar si es un tema que es ampliamente buscado, así como la cantidad de competencia existente en términos del contenido existente en ese ámbito.

Cuando el tema es ampliamente buscado y está incluido en mucho contenido que ya ha sido creado, será difícil para su video ubicarse en un lugar destacado y recibir el reconocimiento que merece. En ese caso, no vale la pena abordar ese tema. Sin embargo, TubeBuddy también le brinda búsquedas relacionadas para darle ideas de otros temas. Por ejemplo, una de las ideas que se mostrará en las búsquedas relacionadas será "Cómo perder peso rápidamente sin ejercicio". Al revisar el puntaje de las palabras clave, cambiará de pobre a bueno porque es altamente buscado, pero no hay mucho contenido disponible en este tema en específico, haciéndolo una opción que podría considerar. Esto le ayuda a entender que el contenido que creará se ubicará en un lugar destacado y también será visible para su audiencia. Usted no desea crear contenido que es altamente buscado; usted también quiere que sea visible en la primera página de los resultados de las búsquedas, para que así las personas lo puedan encontrar con facilidad. Así puede decidir si vale la pena o no.

Búsqueda de Palabras Clave

TubeBuddy también le permite buscar qué palabras clave los videos de sus competidores incluyen como etiquetas. De esta manera, puede tener una mejor comprensión de sus propias palabras clave y de cómo optimizarlas para ser su video más visible y con mayor capacidad de búsqueda.

Si busca algún video exitoso con más de un millón de vistas, TubeBuddy no solo le muestra las palabras clave, sino también cómo el video se ubica en cada una de ellas. La razón por la cual esto es útil es porque podría inspirarlo a apuntar a mejores palabras clave buscando qué es lo que sus competidores están usando. Verá que es lo que funciona para ellos y se asegurará que está optimizando sus palabras clave para hacerlas más visibles y estar mejor posicionadas en YouTube.

2. Keywords Everywhere

Keywords Everywhere es un complemento de Google que es una herramienta genial para la optimización SEO. Le ayuda con la búsqueda de palabras clave y es beneficiosa cuando se trata de creación de contenidos. Le otorga ideas de contenidos basadas en las búsquedas más populares.

Supongamos que trabaja en la industria de la moda sustentable y cree crear contenido en torno a ese tema. Si ingresa esa palabra clave, Keyword Everywhere le dará información acerca de cuántas veces esta palabra es buscada por mes, para ayudarle a decidir si vale la pena crear contenido con ella. Esta herramienta también le otorga palabras clave relacionadas y otro contenido que podría interesar a las personas que han buscado moda sustentable, basándose en sus búsquedas. Tener esta información realmente le ayuda a comprender al usuario, sus intereses, y lo que haría que este contenido fuera beneficioso. Al usarlo, puede crear contenido basado en datos que tiene capacidad de búsqueda y asegurarse que su contenido es útil y visible a la audiencia.

3. Flume

Si está buscando algo que haga a Instagram mucho más flexible para las necesidades de su empresa, entonces Flume es algo que debe considerar. Le permite responder mensajes directos directamente desde su computador, para así mejorar su aspecto de mensajería directa en Instagram y estar al día con la interacción de los clientes. A través de las conversaciones destacadas en Flume, puede responder a sus mensajes privados y filtrarlos rápidamente. Puede ver solo los mensajes no leídos, y asegurarse de responder a todos aquellos mensajes a los que no ha respondido aún.

También puede buscar hashtags para entender qué tan importantes son y decidir cuáles incluir en sus publicaciones. Al optimizar sus publicaciones de esta manera, las hará más visibles a una audiencia más amplia. Flume también le hará mucho más fácil crear una conexión con sus seguidores, mantenerse a la vanguardia y responder oportunamente a los mensajes privados.

4. Later

Otra herramienta de Instagram que debe considerar usar es Later. Esta herramienta le permite planificar su feed, programar sus publicaciones y publicar automáticamente, por lo que no tiene que preocuparse de publicar cada cosa por separado. Puede etiquetar personas automáticamente en sus publicaciones, lo que significa que no tiene que estar pegado a su teléfono para usar Instagram. Le permitirá planificar y programar su contenido mientras usa Instagram a su favor.

Características de Comentarios

La versión pagada de Later también le permite responder a comentarios desde su computador, haciendo que la conexión con su audiencia sea más fácil y rápida. Esto es importante porque el algoritmo más reciente de Instagram requiere que esté activo en la sección de comentarios. Mientras más comentarios reciba y escriba, más alcance tendrán sus publicaciones. En consecuencia, esto aumenta sus probabilidades de ser visible en los feeds de otras personas y tener una tasa más alta de participación en sus publicaciones.

La herramienta también le muestra todos los comentarios que ha recibido en diferentes publicaciones para poder responderlos rápidamente, lo que será beneficioso en términos de crecer más rápido y construir una mejor relación con su audiencia.

Herramienta de Instagram Analytics Tool

Con la herramienta de Instagram Analytics de Later, obtendrá un resumen del rendimiento de su cuenta y monitorear sus datos analíticos a través de gráficos útiles. Es verdad, también puede usar la herramienta propia de analítica de Instagram para este propósito, pero la analítica de audiencia en Later ofrece más detalles que pueden ser muy útiles para su negocio. Esto es porque estas le pueden ayudar a descubrir cuáles son los mejores días y horarios para publicar, lo que conlleva a una mayor participación con sus publicaciones. Esta herramienta puede incluso señalar la hora específica en la cual la mayor cantidad de sus seguidores se encuentran en línea, para que pueda publicar en ese momento y maximizar su participación.

Viendo sus datos demográficos y viendo el detalle de su audiencia le permitirá tener una mejor comprensión de cuántos usuarios tiene en cada país, en lugar de solo los cinco primeros, así como los principales idiomas que hablan. Esto le puede ayudar a determinar qué idioma usar en sus publicaciones cuando se dirige a una audiencia específica.

Características de Hashtag

Puede seguir hashtags en Later para ayudarlo a publicar nuevamente contenido de tendencias en diferentes temas, simplemente haciendo clic en ellos y agregándolos a su biblioteca para publicar más tarde.

Si busca programar sus historias y buscar hashtags, también podrá hacer eso en Later. Puede hacer clic en sugerencias de hashtag, ingresar una palabra clave, y se le dará una lista de hashtags populares que son relevantes a esta palabra clave.

5. Datos Analíticos Propios

Una de las herramientas clave que debe usar este año son sus propios datos analíticos. Cada plataforma tiene su propia herramienta de analítica que le ayuda a tener una mejor comprensión del rendimiento de sus publicaciones. También le brindan información detallada acerca de su audiencia, para que pueda optimizar su contenido de manera adecuada. Por ejemplo, en Instagram, si se dirige al menú de obtener información y se desliza hacia arriba, verá incluso más datos recolectados por Instagram. Puede saber cómo las personas descubrieron su publicación, y si lo siguen o no, también puede saber de dónde vienen, y también determinar si su estrategia de hashtags está funcionando o no. Si muchas personas no lo están siguiendo o lo han encontrado a través de sus hashtags, es una gran señal de que sus hashtags están funcionando.

Otra ventaja de usar los datos analíticos es que le ayuda a analizar su contenido y ver cómo ha rendido cada publicación. Puede tener una comprensión del alcance de cada publicación, cuántas visitas a su perfil y likes ha recibido, cuál es su nivel de participación, etc. Esto le ayuda a entender qué contenido ha sido más exitoso y atractivo, otorgándole una idea de qué es lo que funciona para su marca. Obtener un resumen de otras cosas como el número de veces que una publicación se ha guardado y clics en su sitio web, así como qué publicaciones han hecho que la gente visite su perfil o generado clics en su sitio web, también será beneficioso para obtener una perspectiva de cuál contenido funciona mejor con su audiencia.

6. Anchor

Si bien el contenido en video llegó para quedarse, muchas personas también están recurriendo al contenido en audio, ya que no siempre les resulta posible sentarse y ver un video. Esa es la razón por la cual los podcasts se están volviendo extremadamente populares, y son uno de los canales que su negocio debe hacer crecer durante este año. Anchor es la herramienta que debe usar para averiguar cómo usar los podcasts y tener una solución todo en uno para comenzar, así como obtener distribución en iTunes y Spotify. El marketing de voz será enorme en 20201, y es una estrategia clave que puede usar para llegar a una audiencia más amplia.

7. Quora

Si su negocio está basado en contenido, entonces Quora es una herramienta esencial que debe aprovechar para entender qué preguntas están haciendo las personas dentro de su nicho. También ayuda a identificarlo a usted y a su negocio como un líder en el ámbito respondiendo esas preguntas. No solo eso, sino también puede tomar dichas respuestas y transformarlas en contenido inmediato publicándolas en su blog, o creando un video sobre ellas. Quora le dará ideas frescas en creación de contenido, así como asegurar que está abordando asuntos que le provocan curiosidad a las personas.

Usar estas herramientas a favor de su negocio será una movida extremadamente efectiva. Le permitirán usar importantes datos y crear contenido visible y optimizado. De esta manera, su contenido tendrá un buen posicionamiento y llegará a una audiencia más amplia. Haciendo que su negocio crezca rápida y orgánicamente.

Capítulo 14: El Futuro del Marketing en Redes Sociales

Las redes sociales están en constante cambio; apenas cree que ya lo sabe todo, las plataformas actualizan sus algoritmos, y comienza nuevamente desde cero. Es por eso que debe permanecer actualizado, siempre averiguando más información que puede implementar, y estar dispuesto a probar nuevas estrategias y tácticas para asegurarse que sus redes sociales no están pasadas de moda. Para ayudarle a hacer esto, aquí hay algunos consejos que puede implementar para mantenerse al día:

Concéntrese en la Participación de los Usuarios

En un día cualquiera, es probable que sus publicaciones en redes sociales lleguen al 1 por ciento de sus seguidores. Si bien ese número puede parecer pequeño, puede cambiar su perspectiva e intentar aprovechar ese 1 por ciento. Si comienza a poner atención en quién realmente lee sus publicaciones e interactúa regularmente con ellas, puede construir sobre ello y formar una relación cercana con aquellas personas. Como negocio, puede hacer esto respondiendo siempre a sus comentarios, o incluso contactándolos y dándoles un descuento por ser considerados clientes leales. Construir relaciones y participación con sus usuarios a un nivel personal es el futuro de las redes sociales, y es lo que lo diferenciará de una inteligencia artificial, la cual no podrá atender los comentarios y las respuestas para satisfacer las reacciones y características de cada usuario. Usar esta táctica es una excelente manera de convertir esos clics e interacciones en conversiones.

Construya Relaciones

Otra forma de participación de los usuarios que es esencial para el presente y el futuro del marketing en redes sociales es crear contenido que realmente conectará al usuario con su marca en lugar de concentrarse en ser promocional. Nadie va a las redes sociales para que se le vendan cosas, y es por eso que su contenido debe concentrarse en construir relaciones en lugar de vender productos. Mientras más fuerte sea el lazo, mayor será la probabilidad de conversión, pero es importante concentrarse en crear ese lazo en primer lugar. Si crea contenido que es útil, emocionante o gracioso sin el interés de vender, un usuario estará más predispuesto a darle like, comentar o compartir sus publicaciones, permitiéndole a su contenido llegar a una audiencia más amplia.

Sin embargo, también es útil entender que una publicación puede viralizarse basándose en los comentarios reales que son visibles en ella. No se trata solo de likes o la cantidad de veces que ha sido compartido; la mayor fuerza está en los comentarios que van y vienen. Por eso siempre es importante darles a los usuarios algo para responder para mantener la conversación fluyendo. Mientras más comentarios reciba una publicación, más probable es que ese Facebook o Instagram mostrará la publicación a otras personas. Pero este no es el único beneficio. Nuevamente, también estará construyendo una relación en el proceso y haciendo que los usuarios se sientan más conectados con su marca.

Cree Sus Propios Influencers

Si bien el marketing de influencers aún está en alza, su éxito podría ser temporal. Por esa razón, como negocio, debe estar preparado para tener sus propios influencers. Esto significa que tiene que mirar su propia red, ver quién tiene influencia, y aprovecharlo a su favor. Sus trabajadores, seguidores, e incluso su gerente podría tener algún poder que debe usar. Mientras más conectada a la marca esa persona esté, más poder tendrá cuando se trata de llegar a la audiencia. En lugar de buscar a personas con una gran cantidad de seguidores, comience a buscar dentro de su propia red a quienes estén continuamente en las redes sociales, que tengan la habilidad de construir relaciones virtuales y participar con sus usuarios, y usarlos como el rostro y la voz de la compañía. Los usuarios quieren sentir una conexión individual con un negocio, y por eso la marca personal es un ámbito enorme y exitoso que las compañías deben aprovechar desde una perspectiva diferente. Usar la voz de aquellos dentro de su empresa, y quienes están familiarizados con su marca, agrega una enorme cantidad de autenticidad a su negocio, en lugar de usar las mismas estrategias y tácticas que usan todos los demás.

Aproveche el Marketing Multicanal

Ya no es suficiente estar solo en una plataforma. Para incrementar su calificación y tráfico, debe compartir en diferentes plataformas, dirigirse a diferentes audiencias, y guiándolas hacia sus sitios web. Mientras más tráfico tenga, más alta será la probabilidad de obtener conversiones, haciendo todo esto más beneficioso para un negocio. Sin embargo, no es una buena idea compartir el mismo contenido en diferentes canales, especialmente cuando el contenido no encaja con la identidad o estrategia de una plataforma específica. Por ejemplo, si quiere difundir un artículo, compartirlo en su cuenta de Instagram con una captura de pantalla del titular será bastante inútil, ya que el usuario no se esforzará en buscar el título. Sin embargo, si lo comparte en sus historias con un enlace de deslizar hacia arriba, podría ser útil. Se dará cuenta de que apostar por el marketing multicanal hará que su costo por clic baje, ya que le ayuda a mejorar sus números en todas las plataformas.

Concéntrese en el Marketing de Contenidos

Si bien muchas personas han dejado de leer, tener su propio contenido en su blog o sitio web sigue siendo extremadamente ventajoso, y es probable que se mantenga así en el futuro. Eso es porque el contenido dirigirá a los usuarios hacia sus productos, y puede ser usado como una herramienta para generar conversiones a través de la optimización de motores de búsqueda. Puede usar más de una herramienta de publicidad para atender a diferentes tipos de personas a través de los anuncios de Google, Facebook y SEO.

El contenido también le permitirá aprovechar varios mercados que no han sido usados y le ayudará a obtener muchos beneficios, como las traducciones. En lugar de crear nuevo contenido, su negocio puede decidir apuntar a una audiencia diferente traduciendo el contenido existente en un idioma que no implique tanta competencia como el inglés. De esa forma, usará a las personas que buscan esa información, quienes se familiarizarán con lo que tiene para ofrecer solo porque no tienen suficientes recursos disponibles en su propio idioma. Aprovechar un mercado con una audiencia sólida le permitirá dominarlo rápidamente, mantener la estabilidad por un largo tiempo y generar más ingresos.

Utilice Métricas de Usuario para Vencer a Google

Probablemente hay mucho contenido que su negocio publica sin mucho resultado. En lugar de tirarlo y considerarlo inútil, puede intentar vencer a Google con sus propias reglas. En la mayoría de los casos, encontrará que la razón por la cual sus publicaciones no rindieron bien fue porque no estaban optimizados con las palabras clave necesarias para ser visibles en Google. ¿Y qué significa esto? Significa que tiene la oportunidad de transformar contenido inútil el contenido ganador haciendo solo unos pocos cambios.

Todo lo que debe hacer es buscar palabras clave que tengan un porcentaje de clics inferior al 5 por ciento, y páginas que tengan un porcentaje de clics inferior al 4 por ciento, y asegurarse que las palabras clave que evalúa estén en la etiqueta del título. así como dentro del contenido mismo. Una vez que haya hecho esos cambios, hará que Google vuelva a rastrear su sitio y su porcentaje de clics se disparará. Para tener la ventaja, debe usar números relacionados a listas y palabras clave como "cómo hacer, gratis, tú, publicación de blog, por qué, mejores, trucos y genial". El siguiente paso es esperar un mes hasta que Google tenga la oportunidad de difundir sus publicaciones a quienes las buscan, y luego verá sorprendentes resultados. Entender al usuario y qué es lo que busca es la clave para ganar en todas las plataformas.

Recuerde la Importancia de la Marca

La marca no solo se usa para identificar sus productos o servicios, también es beneficiosa para ayudarlo a hacer crecer su marca con propósitos de marketing. Esto es porque mientras más grande sea la marca, más probable es que su contenido se viralice. Para reducir las noticias falsas, la mayoría de las redes sociales determinan la autenticidad basándose en el tamaño. Por lo tanto, si tiene un gran número de seguidores, es más probable que su contenido sea real, haciéndolo más visible que el de compañías pequeñas en el mismo mercado. Esa es la razón por la cual concentrarse en hacer crecer su propia marca y presencia en redes sociales con contenido atractivo, sin la única intención de vender, le ayudará a sus números a crecer, a medida que la audiencia se interesa más en su contenido. También hay varias herramientas que puede usar para hacer crecer su marca, que parecen estar aquí para quedarse en el futuro, como marketing por email, notificaciones push, o una combinación de ambas.

No se Restrinja a los Métodos de Tráfico Convencionales

Si bien las ventanas emergentes, cuestionarios y boletines siguen siendo útiles para un negocio, no son suficientes para mantenerse a la vanguardia. Mire alrededor suyo, y notará que debido a que todos usan esas tácticas, ya no son efectivas. Para destacar y ofrecer algo diferente y más poderoso, debe brindar a cada usuario una experiencia personalizada.

El futuro del marketing de redes sociales tiene que ver con la personalización. Su valor como experto en marketing se definirá según su habilidad de ofrecer una experiencia personalizada, ya que será capaz de leer a diferentes usuarios y adaptarse de manera independiente a cada uno. Si bien existen muchas herramientas de análisis de datos, la mayoría no considera las diferencias humanas. Hacer esto le dará una ventaja sobre los sistemas automatizados que recorren el mercado e intentan tomar su lugar. Una de las herramientas más útiles que tiene a su alcance son los chats. Es probable que hablarle a un cliente, construir una conexión, y adaptarse a lo que quieran, se transforme en una conversión. De hecho, actualmente el chat es responsable por el 28 por ciento de las ventas, y es por eso que mientras más personalización y autenticidad pueda brindar, más alta será su cantidad de conversiones.

Piense Como un Ganador

Observando a algunas de las personas más exitosas del mundo, se dará cuenta de que la razón por la cual alcanzaron su real potencial fue que tenían a alguien que los guio por el camino, además, nunca se rindieron. No basta con seguir las tendencias porque cambian constantemente. Para ser exitoso, debe pensar como un ganador, y estar siempre dispuesto a adquirir nueva información, probar diferentes fórmulas, y abrirse a nuevas abiertas que puedan mantenerlo en la cima. Si bien algunas podrían no resultar útiles, podría encontrarse estableciendo una nueva tendencia y aprovechándola antes que cualquier otra persona llegue y coseche los beneficios. Además, no tiene que gastar una fortuna para ganar conocimiento nuevo; hay mucha información gratuita disponible, esperando que usted se beneficie de ella.

Debe enfrentar la realidad de que el marketing nunca se detiene. Lo que funciona hoy no necesariamente funcionará mañana, y el mejor enfoque es siempre mantenerse probando y aprendiendo para prepararse para el futuro. Es probable que sea bombardeado con mucha información, que posiblemente lo abrumará, pero mientras pruebe una cosa nueva a la vez, siempre será parte del cambio.

Conclusiones

Gracias por llegar hasta el final de este libro. Debió haber sido informativo y haberle brindado todas las herramientas que necesita para lograr sus metas.

El siguiente paso es implementar las lecciones, consejos y sugerencias importantes que aprendió. Recuerde que ganar conocimiento es el paso más importante para establecer su negocio. Sin embargo, el cómo aplicar lo aprendido es lo que determinará si finalmente es exitoso.

Por lo tanto, continúe aprendiendo, consulte con otros en la industria, esté atento a los nuevos desarrollos, y manténgase siempre atento y positivo.

¡Buena suerte promoviendo su negocio en el mundo de las redes sociales!

Finalmente, si encontró este libro útil de cualquier forma, una reseña en Amazon es siempre apreciada.

Segunda Parte: Marketing para Instagram

Los secretos para usar esta plataforma de redes sociales en su marca personal, para el crecimiento de su negocio y conectar con influenciadores que harán crecer su marca

MARKETING PARA

INSTAGRAM

Los Secretos para Usar Esta Plataforma de Redes Sociales en su Marca Personal, para el Crecimiento de su Negocio y Conectar con Influenciadores que Harán Crecer su Marca

CHASE BARLOW

Introducción

Hoy en día, Instagram es más que algunas fotografías de su último viaje o de su delicioso desayuno de esta mañana, y es mucho más que un par de me gusta. Se trata de producir contenido de calidad para captar la atención de los usuarios, reclutar talentos aún no descubiertos, comprar y vender productos, y tener una plataforma para expresar sus opiniones y apoyar diversas causas. Lo más importante es que ahora es el momento adecuado para usar este ingenioso medio en su negocio para ganar el máximo reconocimiento posible. De hecho, Instagram ha tenido tanto éxito recientemente que ha superado a los clásicos anuncios televisivos pues ahora el mercado es activo digitalmente y está orientado a la tecnología.

Si usted está aquí porque necesita ayuda para promocionar su marca en Instagram, llegó al lugar correcto. Este libro contiene la información más reciente: estadísticas y datos relevantes, consejos actualizados y algunas ideas personales que podrían convertir esta plataforma de entretenimiento en una herramienta para ganar dinero.

Tomando en cuenta que ahora cada persona en el mundo —¡y hasta sus mascotas!— parecen estar en Instagram, ¿por qué usted no lo está? Aunque en este momento pueda parecer un movimiento insignificante, confíe en nosotros, vale la pena el esfuerzo. Hemos visto crecer a marcas y negocios en esta plataforma, los cuales han alcanzado un número de seguidores y clientes tan masivo que de otra manera no habrían podido conseguir. Y si usted es solo un novato que se siente como un niño perdido en el bosque, este libro está aquí para ayudarle. Le enseñaremos desde los elementos más básicos, como los pasos para registrarse en Instagram y configurar su cuenta, hasta dominar las estrategias de marketing más avanzadas. A lo largo de los capítulos le daremos conocimiento valioso para ganar seguidores, convertir clics en *leads*[1] e impulsar sus ventas.

Si usted está pensando en unirse a la tendencia del marketing de Instagram este año, está en un lugar excelente para empezar. Con alrededor de mil millones de usuarios activos en la plataforma, de los cuales un 33% está comprando productos, hoy es el día para comenzar a capitalizar esta tendencia. Usted tiene una oportunidad increíble para hacer grandes ventas si sigue los consejos que le presentaremos en el libro.

Hay muchos negocios que usan Instagram para promocionar sus marcas y hacer ventas, pero no todos son exitosos. Esta plataforma tiene algunos aspectos ocultos que usted debe conocer si quiere que sus campañas alcancen su máximo potencial.

También aprenderá cómo funciona esta plataforma de redes sociales, las maneras en que su negocio se puede beneficiar de ella, cómo usar sus características (tanto antiguas como nuevas) para crear contenido alucinante, cómo llegar a clientes potenciales, cómo convencer a los usuarios de comprar sus productos y servicios y, al mismo tiempo, mantenerlos involucrados con su contenido. Además, descubrirá estrategias secretas que le ayudarán a estar siempre un paso por delante del resto de las marcas en su nicho, así

---

[1] N. del T.: Un *lead* es un usuario interesado en un producto o servicio que entrega sus datos a una empresa o marca a través de un formulario en un sitio web, una suscripción a un *newsletter*, etc., por lo que se convierte en un cliente potencial.

como algunas predicciones que tienen muchas probabilidades de convertirse en tendencia este año.

Si quiere entender estos factores y sus beneficios de manera detallada y convertir su marca en un gran éxito, entonces eligió el libro correcto. Con la información precisa y recursos fiables, este año usted estará listo para triunfar en el juego del marketing en Instagram.

PARTE 1: LOS FUNDAMENTOS DE INSTAGRAM

Capítulo 1: Los elementos básicos de Instagram

Antes de hablar del marketing para Instagram, primero tiene que saber qué es Instagram. Cuando esta red social fue introducida por primera vez en octubre del 2010 por Kevin Systrom y Mike Krieger, nadie sabía que tenía el potencial para convertirse en una de las principales plataformas en línea diez años después. Instagram ha ganado una enorme popularidad en los últimos cinco o seis años, tiempo en el que pasó de tener cien millones de usuarios a alrededor de mil millones de usuarios. Dos años después de su lanzamiento inicial, Instagram fue comprada por Facebook por la enorme suma de mil millones de dólares.

Como probablemente ya sabe, Instagram es básicamente una aplicación de red social que le permite subir imágenes, videos, GIF e historias sin costo alguno. Los usuarios de esta aplicación ahora se llaman de una forma divertida: "instagrammers". La aplicación se usó inicialmente para compartir imágenes de la vida diaria, como el desayuno y otras comidas, las vacaciones y momentos importantes. Aunque gracias al impacto masivo que tuvo en los usuarios alrededor del mundo, se transformó lentamente en una plataforma que reconocía el talento y promovía los negocios de manera creativa.

Si usted está pensando en aprovechar esta plataforma y usarla con fines comerciales, primero necesita conocer sus elementos básicos. Incluso si ya está familiarizado con ella, le recomendamos que eche un vistazo a algunas características que podría haber pasado por alto.

Crear una cuenta

La mejor forma de acceder a Instagram es a través de la aplicación móvil. Una vez que la descargue, haga clic en "Regístrate" para crear una cuenta utilizando su correo electrónico y una contraseña segura o regístrese usando su cuenta de Facebook.

Configurar la cuenta

A continuación, tendrá que llevar a cabo algunos pasos para crear y completar su perfil.

Primero, tiene que pensar en el nombre de usuario. Es un paso importante porque usted será reconocido e identificado por el nombre de usuario o "alias" que tenga en la plataforma. Piense de manera creativa para ganar reconocimiento. Ya sea para uso comercial o personal, considere su propósito al unirse a Instagram y elija el nombre de su cuenta de acuerdo a ello. Luego, agregue una foto de perfil. Para hacerlo, busque un círculo blanco en su perfil donde pueda añadirla. La foto se puede cambiar cuando quiera.

El siguiente paso es escribir su "biografía". Debe describirse a usted mismo o lo que hace en 150 caracteres que se mostrarán en su perfil. También puede mencionar su nombre real en su perfil, junto a su alias creativo, y añadir un enlace a un sitio web. Una vez haya configurado su perfil y esté listo, es hora de seguir a sus amigos, familiares, u otras personas importantes en esta plataforma. También existe la opción de "Descubrir personas", que sirve para conectar con los amigos que ya tiene agregados en Twitter y

Facebook. También puede consultar la pestaña "Explorar", la cual le mostrará contenido según sus preferencias.

Subir imágenes y videos

Ahora, una de las principales razones por las que está en Instagram es para compartir su contenido con el mundo. Instagram admite contenido en formato de imágenes y video que permanecerá en su perfil. Es básicamente un portafolio de su vida personal o de su negocio. Para subir contenido, puede tocar el botón de un icono más [+] y tomar una foto o grabar un video para compartirlo desde cualquier lugar. También puede subir una imagen o un video que ya tenga en la galería de su teléfono móvil.

Subir imágenes

Al principio, Instagram solo permitía subir imágenes en formato cuadrado, lo que creó muchas restricciones para los usuarios dedicados y los creadores de contenido. Recientemente, se añadió la característica de subir imágenes en los modos de retrato y paisaje, lo que elimina todas las restricciones y le da la libertad de generar contenido de acuerdo a sus requerimientos. Sin embargo, todavía puede ser un poco difícil determinar la relación de aspecto correcta. Esto puede resolverse haciendo clic en el ícono que aparece en la esquina inferior izquierda que ajusta automáticamente la relación de aspecto para usted. Recomendamos fotografiar y subido contenido en modo retrato más a menudo que el de paisaje, ya que Instagram está diseñado para estar orientado verticalmente.

La plataforma permite subir hasta diez imágenes por publicación, que se pueden ver desliando el dedo hacia la izquierda. Este tipo de publicaciones son llamadas carrusel. También puede elegir el orden en el que quiere que se vean sus fotos. Mucha gente usa esta función de forma creativa para mostrar su contenido en detalle.

Los filtros para las imágenes

Después de tomar una foto o de seleccionar la imagen que quiere subir, puede hacer clic en "Siguiente" y pasar su imagen a través de una serie de filtros. Hay algunos filtros increíbles listos para usar que lo ayudarán a mejorar sus fotografías. Si prefiere editar su imagen manualmente, también tiene un montón de opciones. Puede recortar, cambiar el brillo y la saturación, ajustar la nitidez, potenciar la calidad, entre muchas otras opciones de edición disponibles.

Muchos usuarios que prefieren tener fotografías profesionales o que están haciendo negocios a través de este medio utilizan herramientas de edición como Aviary, VSCO y Filmborn. También recomendamos usar cualquiera de estas herramientas para hacer que sus imágenes y su perfil se destaquen.

Subir videos

Instagram ofrece opciones llamativas para subir un video. Sin embargo, solo se puede subir un vídeo de entre 3 y 60 segundos de duración. Es entonces cuando los videos de IGTV vienen al rescate, de los que hablaremos más adelante en este capítulo. Para subir un vídeo, puede recortar algunas tomas de un video más largo y editarlas para unirlas, o bien recortar la duración del vídeo según sus preferencias. Por último, puedes elegir una portada para su vídeo que se verá en tu perfil cuando alguien lo visite. Esta se puede elegir de cualquier momento del video. Una ventaja adicional al subir los videos es que puede desactivar el sonido si no quiere que se escuche.

Añadir un pie de foto y etiquetar personas

Una vez que la imagen o el vídeo estén listos con sus filtros o ediciones, el último paso sería añadir un pie de foto y etiquetar a las personas relevantes en el contenido. Añadir de un pie de foto a cada publicación respalda su contenido. Sin embargo, solo puede poner un pie de foto a cada publicación de varias imágenes. También puede agregar la ubicación a las publicaciones.

Compartir publicaciones

Una vez que haya terminado el último paso, toque la opción "Publicar también en" y seleccione alguna otra red social para compartirla si así lo quiere. Finalmente, toque en "Compartir" para subir la publicación. Después de que se haya subido la publicación, también puede editar el pie de foto o etiquetar a más personas seleccionando la opción "Editar".

Notificaciones

Puede revisar sus notificaciones en la cuarta categoría ubicada en la parte inferior de la pantalla, la cual puede identificar por el ícono de corazón que está ubicado al lado del ícono central que tiene el símbolo "+". Después de haber subido cualquier contenido, usted puede comprobar el número de me gusta y comentarios de la publicación a través de este panel de notificaciones. Si su cuenta es privada, otros usuarios pueden enviarle una solicitud de seguimiento que también aparecerá en este panel.

El feed

Una vez que empiece a seguir a ciertas cuentas, sus publicaciones aparecerán en su feed principal cuando abra la aplicación. Puede darle me gusta a las publicaciones tocando el icono del corazón que está debajo de ellas o tocando dos veces la imagen. También hay un icono con forma de burbuja que se utiliza para comentar las publicaciones de los usuarios.

Las menciones

Puede mencionar a otras personas o a sus seguidores en los comentarios escribiendo "@" seguido del nombre de usuario. Puede hacerlo tanto en sus propias publicaciones como en las de otros usuarios. Sus amigos o seguidores también pueden mencionar su usuario. Cuando esto suceda, se le avisará a través del panel de notificaciones. Si usted le da me gusta a un comentario o lo responde, también se le notificará a esa persona, quien posiblemente iniciará un hilo de conversación debajo de la publicación. Otros usuarios también pueden unirse al hilo.

Además de esto, también se le notificará sobre las publicaciones que le han gustado a través de los hashtags que sigue.

Las historias

La relativamente nueva sensación de Instagram, la característica de "historias", fue introducida inicialmente por Snapchat. Luego se añadió a Instagram, Facebook, WhatsApp y ahora YouTube. Sorprendentemente, esta característica fue un gran éxito en Instagram. Las historias son muy atractivas e interactivas, y tienen el rol de ser contenido ligero que desaparece después de 24 horas. Además, las historias están diseñadas con un formato vertical, lo que hace que acceder y participar en ellas sea muy cómodo para los usuarios de teléfonos móviles.

Para subir una "historia", vaya a su página de inicio de Instagram y haga clic en el icono de la cámara que se encuentra en la esquina superior izquierda. Haga una foto, una *selfie* o grabe un video. También puede subir una foto o un video que ya tenga en su galería. Puede añadir texto, filtros, hashtags, pegatinas, emojis, música y GIF para que su contenido sea más divertido. Hay una gran cantidad de filtros y fuentes disponibles para que sus historias sean más creativas. También puede etiquetar o mencionar a personas en sus historias e incluso poner su ubicación actual, la hora y la temperatura.

Características adicionales

Instagram también introdujo la función de las encuestas, donde puede pedir a sus seguidores que elijan una opción entre las dos que se dan. También le permite colocar una encuesta deslizante para calificar su respuesta en una escala del 1 al 10. Otra adición interesante e interactiva es la función "Haz una pregunta", donde sus seguidores pueden hacerle una pregunta o responder a la suya.

Los "boomerangs" son una característica interesante dentro de las historias que han animado a todos los milénials y a aquellos que pertenecen a la Generación Z a involucrarse más con la plataforma Esta característica permite crear un clip de video corto que va hacia atrás y hacia adelante en un bucle. Es altamente interactivo y ha sido usado frecuentemente desde su introducción. El uso de la realidad aumentada a través de filtros y lentes también ha llamado la atención de este público.

Publicar historias

Para publicar sus historias, añádales todas las características que quiera usar y toque la opción "Añadir a tu historia". Puede ver la lista de personas que vieron su historia tocando en ella y haciendo clic en el número de vistas que se muestran. Si desea ocultar su historia a ciertos seguidores, puede ir a la configuración de su historia y hacer clic en "Ocultar historia a". Una buena alternativa es crear un grupo cerrado donde puede seleccionar algunos amigos con los que desea compartir sus historias mediante la opción "mejores amigos", la cual se indica con un círculo verde.

Para ver las historias, puede tocar el círculo rosa que rodea la foto de perfil de un usuario. Puede reaccionar a sus historias a través de emojis o tocando la opción "Enviar mensaje".

Los videos de IGTV

Cuando fueron introducidos por primera vez, los videos de Instagram TV (IGTV) no tuvieron la respuesta esperada. Estos permiten a los usuarios crear videos de entre 60 segundos y una hora y presentarlos en formato vertical para que se ajusten a las pantallas de los teléfonos. Las últimas actualizaciones también permiten publicar videos IGTV en formato horizontal. Cuando vea un video en el feed principal de más de 60 segundos de duración, se mostrará la opción "Seguir viendo". Esto lo redirigirá a la sección de IGTV y podrá ver el vídeo completo en el formato designado. En una actualización reciente de Instagram se eliminó el ícono de IGTV que antes estaba en la esquina superior derecha de la aplicación.

La pestaña explorar

El algoritmo de Instagram funciona de acuerdo a sus resultados de navegación y búsqueda. Si ha mostrado interés en ciertos temas o ha visto publicaciones o videos en una categoría particular, Instagram clasificará esos temas para usted y le mostrará el contenido relevante. Por ejemplo, si ha buscado información sobre *fitness*, decoración del hogar, viajes y recetas, la pestaña "Explorar" (que es el segundo icono en el panel inferior) le mostrará las categorías y publicaciones relevantes que le gustaría ver. Le da la oportunidad de descubrir cuentas que le pueden interesar.

Los mensajes directos

Los mensajes directos o DM le permiten enviar mensajes a sus amigos y seguidores. Se identifican con el botón de flecha en la parte inferior de cada publicación. También puede iniciar una conversación en el panel de mensajes. Si no está siguiendo a las personas que lo siguen, sus DM le llegarán en forma de

"Solicitudes". Depende de usted si quiere continuar la conversación o no. Los DM son una gran forma de interactuar en la plataforma.

Otras características

Etiquetas y fotos de usted

Esta sección es para ver cuando sus amigos o seguidores lo etiquetan en sus publicaciones. Cuando visite su perfil, verá tres iconos. El primero es para ver sus fotos en miniaturas de 3x3. El segundo icono llamado "Publicaciones" le permite ver todas las publicaciones como mosaicos de fotos por los que puede desplazarse. El tercer ícono llamado "Etiquetas" mostrará las fotos y los videos en los que ha sido etiquetado por otros usuarios. Puede quitar la etiqueta de la publicación y ocultarla si no quiere que se vea en su perfil. También puede ver las fotos etiquetadas de sus seguidores cuando visite sus perfiles.

Puede etiquetar a sus amigos en una publicación mientras la prepara para subirla. Haga clic en la opción para etiquetar, toque su publicación y escriba el nombre de usuario de su amigo. Cuando se suba la publicación, puede ver la etiqueta al tocar la imagen y hacer clic en la etiqueta que aparece.

Hashtags

Cuando esté escribiendo su pie de foto antes de publicar cualquier imagen o video, puede añadir hasta 30 hashtags para mejorar su perfil. Los hashtags permiten que sus publicaciones sean vistas y descubiertas por otros usuarios, ya que los hashtags populares se clasifican en un álbum diferente dentro de la barra "Explorar". Le ofrece la oportunidad de explorar su perfil a los usuarios que buscan contenido dentro de su nicho. Una característica útil de Instagram es que puede escribir simplemente "#" y le proporcionará los hashtags populares dentro de su categoría. Aun así, asegúrese de mantenerse relevante y de usar hashtags específicos para dirigirse a su público. También puede seguir ciertos hashtags que aparecerán en su feed con las publicaciones de varias cuentas que los usan y publican frecuentemente su contenido con ese hashtag.

Múltiples cuentas

Esta asombrosa característica, introducida en febrero de 2016, le permite utilizar varias cuentas. Ofrece la ventaja de crear y cambiar entre cuentas, hasta cinco simultáneamente, y es una característica beneficiosa para aquellos que quieren mantener su trabajo personal y profesional por separado. Para crear una cuenta nueva, puede ir a su perfil y tocar en la configuración. Encontrará una opción de "Añadir una cuenta". Haga clic en ella para repetir el proceso de creación de más cuentas. Cuando visite su perfil, obtendrá una opción para cambiar entre sus cuentas activas a través de una lista con flechas.

Directos de Instagram

Esta característica es extremadamente útil para los influenciadores y las personas que quieren generar interacción con sus seguidores. La función Instagram Live, en español Directos, le permite grabar videos de eventos y acontecimientos en vivo y en tiempo real. Sus espectadores también pueden interactuar con usted a través de comentarios y me gusta, haciéndole saber sus opiniones o preguntas.

Instagram Web

La versión web de esta plataforma, instagram.com, también puede ser usada como la versión web en cualquier dispositivo. Como no permite subir contenido, la mayoría de los usuarios prefieren usar la versión de la aplicación. No proporciona ningún beneficio adicional aparte de que aquí puede obtener códigos de incrustación.

La privacidad de la cuenta

Por último, si desea que su contenido se vea y se descubra en todo el mundo, vaya a la configuración de la cuenta en su perfil, haga clic en "Privacidad" > "Privacidad de la cuenta" y desactive la opción "Cuenta privada". Esto le dará la oportunidad de mostrar su portafolio al mundo y aumentar las posibilidades de ser reconocido más pronto.

Estas son los elementos básicos que necesita saber si es nuevo en esta plataforma de medios sociales y antes de usar Instagram para el marketing. Todavía hay algunas características mínimas que necesita aprender, las cuales discutiremos en los próximos capítulos. En el siguiente capítulo, vamos a explicar los beneficios de usar Instagram para los negocios y el marketing.

Capítulo 2: Por qué usar Instagram para su negocio

Cuando nos aburrimos, lo primero que hacemos es tomar el celular y entrar a Instagram. Esta plataforma de redes sociales se ha convertido en una parte tan común de nuestra vida diaria que la mayoría de las marcas y vendedores la están aprovechando al construir su identidad de marca a través de esta herramienta gratuita y útil. Instagram ha demostrado ser una de las principales y más exitosas plataformas para impulsar las ventas y crear un reconocimiento de marca máximo.

Como discutimos anteriormente, Instagram ha tenido un salto masivo en el número de usuarios que utilizan la plataforma para fines personales, creativos y profesionales. Últimamente, muchas marcas han hecho de Instagram su herramienta principal para impulsar sus negocios. Es una red social que ofrece mucho para explorar y crear, y proporciona una libertad sin precedentes en la publicidad y la generación de contenido. Si hasta ahora su negocio no está en Instagram, ya es hora de que se una a la plataforma y empiece a crear formas de hacer que su presencia en línea se note. Instagram puede ser la respuesta para ser reconocido en este mundo que gira en torno a lo digital. Además, hay razones adicionales por las que resulta absolutamente importante aprovechar esta herramienta de marketing este año.

Mil millones de usuarios

Con un total de mil millones de usuarios activos hasta la fecha, en esta red social no harán falta clientes en el futuro. Con un gran número de milénials y personas de la Generación Z que utilizan la plataforma para el ocio, usted puede dirigirse a la mayor parte de la audiencia más joven si su marca lo requiere, sobre todo porque el 38% del total de usuarios tiende a abrir y revisar Instagram varias veces al día. Con tanto tráfico y espectadores que aprecian y aceptan inmensamente las nuevas ideas y la creatividad, puede conseguir muchos clientes a través de esta plataforma.

Diríjase a su audiencia

Utilizada ampliamente en todo el mundo y por casi todos los grupos de edad, Instagram es la plataforma perfecta para formar su grupo de audiencia y dirigirse a él. Según un análisis de Statista, Estados Unidos es el que país que más usuarios tiene, seguido por la India, Brasil, Indonesia y Rusia. También está creciendo rápidamente en el Reino Unido y Canadá.

El alcance es un aspecto importante del marketing de Instagram y de su público objetivo. Incluso usted si tiene un contenido brillante y un público objetivo definido, no conseguirá más ventas ni aumentará las interacciones si no puede llegar a más personas. Para llegar a más usuarios en función de sus países, puede aprovechar los cinco países que tienen los mayores porcentajes de alcance, que son Brunei, Islandia, Turquía, Suecia y Kuwait.

En cuanto a la edad y el sexo, el principal grupo de edad que está activo en Instagram oscila entre los 18 y los 29 años, el cual representa alrededor del 67% de todos los usuarios. Le sigue el grupo de edad de 30 a 49 años, que representa el 47%, y el de 50 a 64 años, que representa el 23%. El grupo de edad de más de 65 años constituye el 8% de los usuarios activos en Instagram. Por otro lado, la proporción de género está casi igualada, con un 48% de hombres y un 52% de mujeres.

Todos estos factores (edad, sexo, nacionalidad y el número de usuarios activos diariamente) conforman su público objetivo. Necesita definir su grupo y jugar con el contenido y estrategias de marketing de acuerdo a ello.

Interactuar ahora es más fácil

Una vez que haya identificado a su público objetivo, puede planificar el contenido según esto y desarrollar estrategias para captar su atención. La mejor manera de hacerlo es crear contenido atractivo que los inspire a interactuar con su marca. Una gran parte de los seguidores se sienten tentados a ver los productos de la marca y comprarlos si se sienten cómodos y en confianza.

Los videos en vivo han hecho que la interacción sea muy divertida para los clientes y las empresas, pues les da la oportunidad de comunicarse con los rostros de las marcas y los miembros del equipo en conversaciones en tiempo real. Los hace sentir más apegados a su marca e impulsa más ventas. Las historias son otra forma de crear *engagement*. Con ellas, puede solicitar respuestas a través de encuestas, realizar una sesión de preguntas y respuestas (Q&A) o hacer preguntas específicas a su público objetivo. Dado que alrededor de 500 millones de usuarios publican y ven historias diariamente, un tercio de las cuales son de empresas, hay más posibilidades de ganar más seguidores si su contenido es prometedor.

Las marcas también piden a los clientes que etiqueten y mencionen a sus amigos para ganar cestas de regalo, viajes o ciertos

---

[2] N. del T.: el término *engagement* se refiere al nivel de compromiso que tienen los usuarios con una marca en las plataformas de redes sociales y va más allá del consumo de productos, sino que incluye aspectos como la interacción (me gusta, comentarios, etc.) y la identificación con la marca.

productos. Esto también ayuda a ganar más interacción y clientes potenciales.

Libertad para crear diversos tipos de contenido

Aunque estaba inicialmente basada en el concepto de las imágenes, Instagram en realidad se trataba de retratar la vida cotidiana y mostrar las habilidades fotográficas de sus usuarios. Más tarde, se convirtió lentamente en una herramienta de marketing. Esto se debe a que la gente se siente más atraída por el contenido visual que es estéticamente agradable y fácil de descifrar. Veamos la forma en los tres principales tipos de contenido de Instagram (imágenes, texto y videos) ayudan a captar la atención de otros usuarios.

Imágenes

Podría decirse que las imágenes son la mejor forma de hacer marketing visual e Instagram es el mejor lugar para crear interacción a partir de imágenes y fotografías. Además, si su negocio requiere utilizar más imágenes para mostrar sus productos y apoyar una causa, se está acercando al medio adecuado. Esto moldea la personalidad de su marca y mantiene a sus seguidores involucrados con el contenido. La edición de fotografías o la realización de collages para presentar sus productos o su concepto son las formas más comunes de utilizar imágenes en el marketing.

Texto

Para empezar a comercializar en Instagram, primero debe definir si su marca es visual o no, lo que dependerá del concepto, los productos y el lenguaje que la marca que desee crear. Aunque el texto no tenga el mismo impacto que el contenido visual, puede incorporarlo a las imágenes o escribir poderosos pies de foto para apoyar su estilo. Además, los hashtags cuentan como un tipo de contenido escrito que ayuda a crear reconocimiento dentro de su nicho.

Videos

La popularidad de los videos y el *engagement* que generan ha aumentado de forma masiva recientemente. Los creadores de contenido están buscando formas creativas de incorporar sus productos en videos cortos que puedan captar la atención de sus seguidores. Puede tratarse de reseñas de productos, *crossovers*, entrevistas o proyectos de bricolaje. Este tipo de contenido es más atractivo para casi todos los seguidores, quienes tienden a ver el video completo.

Como hemos discutido antes, el uso de historias y videos de IGTV es la nueva sensación entre los vendedores, creadores de contenido y marcas de Instagram. Según una encuesta de Ispos en 2019, el 62% de los usuarios de entre 13 y 54 años en Instagram y otras aplicaciones similares afirmaron que su interés por comprar un producto de cualquier marca aumenta después de haberlo visto en las historias.

Los beneficios de contratar influenciadores

El marketing de influencia, también llamado marketing de *influencers* o influenciadores, es la nueva forma de presentar sus productos o la cara de su marca y consiste en una excelente táctica que la mayoría de las marcas utilizan hoy en día. Los influenciadores son como mini-celebridades de las plataformas de redes sociales que tienen un número de seguidores masivo y un gran impacto en ellos. Las marcas se están dando cuenta del potencial de esta influencia y están contratando rápidamente a influenciadores para promover sus productos. Los beneficios específicos de hacerlo incluyen:

Alcanzar a un público objetivo masivo

La gente aprecia y sigue a varios influenciadores debido a su estilo personal y consistencia. Esto ha ayudado a los influenciadores a desarrollar una audiencia específica que sigue sus consejos y sugerencias. Es necesario acercarse a tales influenciadores que estén alineados con su estilo de producto y tengan un impacto masivo en su público objetivo. Por ejemplo, si usted vende productos para el cuidado de la piel o cosméticos, puede ser útil contratar a un maquillador o a una bloguera de moda, pues la mayoría de sus seguidores interesados en estos temas.

Presentar sus productos de forma creativa

A veces, las marcas y los vendedores se saturan y se enfrentan a bloqueos creativos en la forma que presentan sus productos y servicios. Hay tanta creatividad y tantas ideas publicitarias innovadoras en las redes sociales que puede resultar difícil competir en el mercado de hoy en día. Aquí es donde contratar influenciadores puede ser la solución. Estas personas han construido su propio lenguaje para comunicarse con su audiencia, lo que puede ser completamente diferente al contenido de su marca. Esto puede darle a sus productos una sensación fresca y un aspecto renovado.

Planificación de presupuestos adecuada

Dependiendo de su alcance y número de seguidores, a los influenciadores en las redes sociales se les paga entre 100 y 2.085 dólares por una sola imagen, entre 114 y 3.138 dólares por videos y entre 43 y 721 dólares por historias. Aunque parezca mucho, estas cifras son realmente útiles para la planificación de presupuestos y el recorte de gastos. Esta estrategia ha tenido tanto éxito, sobre todo en Instagram, que las marcas y los vendedores de contenido en Estados Unidos han establecido un presupuesto específico del 69% para los influenciadores que son exitosos en la plataforma. Así, los influenciadores pueden ser un punto de inflexión en el impulso de las ventas de su empresa, convirtiéndolos en un activo que genera un retorno efectivo de la inversión (ROI).

El poder de la publicidad

Instagram tiene el enorme poder de llegar a 849,3 millones de usuarios de entre los mil millones activos, de los cuales 52,9 millones se encuentran en el grupo de edad joven. Esto genera un gran impacto en la publicidad y las ventas. Esta red social también ha introducido múltiples herramientas para la publicidad. Las marcas pueden pagar una cierta cantidad de dinero a la plataforma para mostrar sus anuncios o contenido relevante.

En el fondo, el objetivo de las marcas es obtener más vistas, conducir más tráfico a los sitios web o aplicaciones móviles y crear más reconocimiento de marca. Los vendedores están asignando una parte de su presupuesto al contenido publicitario ya que ha sido una táctica exitosa últimamente.

Anuncios de video

Cuando usted se desplace por su feed de Instagram, es posible que se encuentre con un montón de videos que tienen la etiqueta "Publicidad" en la parte superior. Estos anuncios de video son pagados por las marcas e Instagram los muestra a los usuarios que tienen un historial de búsqueda relacionado con sus respectivos campos. Esto aumenta las posibilidades de vender productos y conseguir más seguidores.

Anuncios fotográficos

Al igual que los anuncios de video patrocinados, los anuncios fotográficos son imágenes individuales que muestran el producto o el concepto de la marca. Un botón adicional que dice "Ir al perfil de Instagram" dirige a los usuarios a la página de la marca.

Anuncios de carrusel

Los anuncios de carrusel son una versión actualizada de los anuncios fotográficos que consisten en múltiples imágenes agrupadas por las que el usuario puede deslizar el dedo para aprender más sobre el producto o el concepto en detalle.

Anuncios en historias

También se pueden crear anuncios en las historias sobre fechas importantes, eventos y nuevos lanzamientos. Incluye la función "Más información", que, al deslizar el dedo hacia arriba, conducirá a sus seguidores a su sitio web para obtener más detalles.

Vender sus productos

Con las herramientas de compra recientemente integradas, Instagram es una forma divertida y conveniente de comprar la mayoría de sus productos favoritos. Mientras que el 81% de todos los usuarios dependen de Instagram para buscar productos viejos y nuevos, el 11% de los usuarios estadounidenses ahora compran exclusivamente en esta plataforma, lo que muestra un potencial de expansión aún mayor para este año.

En cuanto a las herramientas de compra de Instagram, puede acceder a esta función a través de una cuenta de empresa. Al añadir varios productos a una imagen, puedes hacer que sus seguidores la toquen para obtener detalles sobre cada uno de ellos. También les permite finalizar la compra dentro de la plataforma para hacer el pago sin dirigirlos a un nuevo sitio web o página. Esta característica ha sido un éxito entre la mayoría de los usuarios debido a su conveniencia. También puede acceder a la función "Comprar ahora" que puede animar a sus clientes a que al menos comprueben los productos.

Los usuarios también están aprovechando esta red social para comprar nuevos productos basados en recomendaciones de boca en boca o según la calidad que se ofrece en las publicaciones. Esto puede darle una oportunidad masiva de generar ingresos e impulsar más ventas de las previstas.

El uso de una cuenta de empresa

Puede aprovechar al máximo el uso de una cuenta de empresa en Instagram mientras promociona su marca. Esta característica se introdujo en 2016 y, desde entonces, ha sido utilizada por las marcas y las empresas de marketing para recoger información y comparar las métricas. La función muestra el grupo de edad, el género y la nacionalidad de las personas que han interactuado con sus publicaciones. Esto ayuda a analizar el contenido según el número de me gusta y comentarios que tuvo una publicación y la cantidad de veces que se compartió y se guardó. También le permite cambiar o ajustar el contenido para su próximo plan de marketing con el objetivo de obtener más interacción. Además, podrá ver un análisis de la interacción obtenida durante cada día de la semana a horas concretas para así conocer el momento adecuado para publicar. Básicamente, todos estos datos demográficos pueden cambiar completamente su estrategia de contenido para siempre.

Aunque en el próximo capítulo analizaremos en detalle las ventajas de utilizar un perfil de empresa, este breve resumen resaltará y aclarará su importancia. El perfil de empresa le ayudará a utilizar información importante, como los datos de contacto y los enlaces a sitios web, que son muy importantes para cualquier empresa. También puede promover y anunciar su contenido.

Una forma creativa de representar a su marca

Antes de la aparición del marketing de redes sociales, nunca nos enteramos de que ciertas marcas y empresas tenían un lado más ligero. Claro, había anuncios de televisión, pero eran únicamente comerciales y no tenían el objetivo de generar interacción o *engagement*. El marketing de Instagram ha llevado a los usuarios a creer que hay humanos detrás de las marcas principales. Con un contenido más ligero, como videos tras bastidores y entrevistas al equipo de trabajo, los consumidores pueden ver un lado más real de las marcas y pueden confiar más en ellas. Anteriormente en este capítulo, también hablamos de cómo los influenciadores pueden promover sus productos o negocios con una ventaja creativa. También se pueden utilizar tácticas extremas, como la realización de concursos o mencionar a otros usuarios en sus publicaciones para darles reconocimiento.

Instagram ofrece múltiples herramientas y es estéticamente agradable para dar rienda suelta a la creatividad y mostrar cualquier tipo de contenido que desee. Su marca tendrá un público objetivo que puede ser atraído con el contenido que desea ver. Esta red social le ofrece apoyo y un lienzo en blanco para publicar su portafolio. El único reto es crear su propio estilo y personalidad de marca. Pero una vez que lo haga, estará destinado a destacar y obtener reconocimiento. Además, es una herramienta totalmente fácil de usar, lo que la hace adecuada para principiantes.

A pesar de que este medio tiene mucho potencial y funcionalidad a la hora de promocionar un negocio, se está volviendo extremadamente saturado y competitivo. Sin embargo, no parece probable que pierda su potencial a corto plazo. Al ser compatible con dispositivos móviles, le permite a los usuarios acceder al contenido y los productos de la marca en cualquier lugar, lo que aumenta las posibilidades de interacción y ventas. Le recomendamos encarecidamente que construya y promueva su marca en Instagram este año para obtener el máximo beneficio de las nuevas características y herramientas de venta.

Capítulo 3: Los desafíos y cambios de Instagram

Si bien Instagram resulta una forma divertida y eficaz de comercializar y promover su negocio, existen algunos desafíos y limitaciones que los vendedores han enfrentado a lo largo de los años. Puede parecer refinada y reluciente por fuera, pero esta red social también tiene sus propios defectos. Aunque no se pueden considerar como desventajas, ser consciente de las limitaciones puede ayudarle a planificar su contenido y su estrategia de marketing.

Y aunque estos desafíos siguen presentes, Instagram ha estado trabajando en una serie de nuevas características, algunas de las cuales ya están siendo probadas en algunas regiones. Podrían funcionar a su favor o cambiar completamente su estrategia de marketing.

Mientras planee unirse a la tendencia de Instagram este año, le recomendamos seguirle la pista a los desafíos y cambios que podría enfrentar en esta plataforma de redes sociales.

Desafíos relacionados con Instagram

Las personas que utilizan Instagram para mostrar su trabajo profesional y los propietarios de negocios que promueven su contenido a clientes potenciales se han enfrentado a ciertas limitaciones desde la aparición de este medio. A continuación, señalaremos algunos de los principales desafíos relacionados con la plataforma para que esté preparado y planifique sus estrategias como corresponde.

La versión web no está optimizada

Originalmente diseñada para funcionar como una aplicación móvil, hasta ahora Instagram no ha sido capaz de ofrecer una versión web bien diseñada y optimizada. Aunque en la versión web ahora podemos ver algunas de las nuevas características como las historias, aún hay funciones que todavía no están disponibles, como la publicación de imágenes y vídeos.

Además, las imágenes y el contenido no están optimizados para visualizarse correctamente en todos los dispositivos. Instagram tiene menos funciones en el sitio web que en la aplicación móvil, lo que hace que la versión web sea menos cómoda de usar.

Así que, para publicar constantemente y actualizar la cuenta de Instagram de una marca, necesitaría tener un teléfono inteligente o una tableta, en lugar de una computadora de escritorio o un ordenador portátil. En este caso, puede ser difícil mantener las condiciones de trabajo en un entorno que no sea amigable con los dispositivos móviles, especialmente si todavía no tiene un equipo o departamento dedicado a las redes sociales.

No se puede hacer clic en los enlaces de las publicaciones

Escribir un pie de foto efectivo puede ser difícil, especialmente cuando la mayoría de las personas prefieren tener acceso al contenido visual en lugar de leer un texto. Un desafío aún más grande de los pies de foto de Instagram es que no permite hacer clic a los enlaces que se ponen en una publicación. Simplemente no puede esperar que sus seguidores copien y peguen el enlace y dejen la interfaz de Instagram pues resulta un inconveniente.

Nadie, incluyéndolo a usted, querría dejar la aplicación y navegar por otra página web copiando y pegando el enlace a menos que se trate de contenido extremadamente interesante. Para obtener más ventas e interacciones, todo se debe facilitar a los clientes potenciales lo más que se pueda. Es necesario recurrir a tácticas más convencionales, como añadir el enlace pertinente a su biografía o utilizar herramientas de compra que puedan dirigir a los clientes a su sitio web o al enlace de instalación de su aplicación móvil.

Esto puede ser un desafío si su contenido requiere que su audiencia llegue a una página de aterrizaje específica en cada publicación, especialmente si usted depende de Instagram para generar ingresos e impulsar sus ventas. Puede ser una limitación aún mayor cuando su público objetivo está por encima del grupo de edad de 35 o 40 años, ya que estos usuarios generalmente no están tan tecnológicamente avanzados en comparación con los milénials o los usuarios de la Generación Z.

Algunas desventajas de los anuncios

Desplazarse por Instagram tiene la desventaja de ver anuncios y publicaciones patrocinados de vez en cuando. Dado que casi todos los negocios están promoviendo sus productos y servicios en esta red social, ya casi ha llegado a un punto de saturación. Después unas cuantas historias y alrededor de cuatro o cinco publicaciones, le aparecerá una publicación patrocinada que se basa en su historial de búsqueda reciente. Ciertos anuncios que aparecen en el feed principal se vuelven demasiado repetitivos en algún momento.

Entre todos los anuncios, también hay muchos que son falsos. Algunas empresas crean anuncios falsos y los promocionan para ganar más seguidores y generar más clientes potenciales atrayendo a los usuarios hacia regalos o grandes descuentos. Muchos usuarios han afirmado haber caído en esta trampa. Además, es difícil diferenciar entre los anuncios auténticos y los falsos.

La publicidad de Instagram también puede resultar cara. Puede resultar un poco difícil establecer y gestionar un presupuesto para los anuncios en esta plataforma, especialmente si está empezando. Necesita un flujo de caja constante o una alta financiación. A menos que sea una empresa enorme y bien establecida que pueda fijar fácilmente un presupuesto para la publicidad en las plataformas de redes sociales, tendrá que depender del tráfico orgánico y de los clientes que estén realmente interesados en comprar sus productos a través de la interacción y un *engagement* alto. Dado que el CPC (costo por clic) promedio de Instagram oscila entre USD 0,50 y USD 1 (el promedio es de USD 0,61), puede llevarle algún tiempo recuperar lo que ha gastado en promocionar sus publicaciones, al menos hasta que llegue a un punto de equilibrio.

Los costos por anunciar varían según el negocio o el tipo de marca que posea. Si usted es dueño de una empresa que tiene un concepto basado en la tecnología, es posible que tenga que pagar más que los negocios que se dedican al entretenimiento. Hay otra desventaja en el pago de la publicidad. Cuando alguien cambia a una cuenta de empresa, se le proporcionan análisis y datos demográficos gratuitos, pero esto viene con un inconveniente. Instagram a menudo reduce el alcance y el *engagement* de sus publicaciones para incentivarlo a invertir dinero en la publicidad y la promoción de las publicaciones pagas. Esto puede ser una gran desventaja para las empresas más pequeñas que ya tienen un presupuesto limitado y necesitan más *engagement* durante los primeros días.

Público objetivo limitado

En comparación con Facebook y Twitter, Instagram tiene menos capacidad para dirigirse a los mercados locales. También crea menos visibilidad y no se dirige a un público tan grande porque el algoritmo de Instagram funciona para promover y actualizar el contenido de las cuentas personales en lugar de las cuentas comerciales. Muchas marcas se dirigen a todos los grupos de edad, y con Instagram puede ser difícil llegar a la audiencia que está más allá de los 35 años, ya que este grupo solo comprende un puñado de usuarios. Así, sus publicaciones se dirigirán solo al 13% de este grupo de edad. Por lo tanto, Instagram no sería la mejor plataforma para promover su negocio si sus productos o servicios se dirigen a un grupo de edad mayor.

Aunque los hombres constituyen el 48% del total de usuarios en comparación con las mujeres, quienes constituyen el 52%, solo el 32% de los primeros son activos en Instagram mensualmente. Esto puede minimizar su alcance a clientes potenciales si sus productos están dirigidos a los hombres. Incluso si tiene éxito en llegar a su público objetivo por un margen menor, la mayoría de ellos simplemente darían me gusta, comentarían o compartirían las publicaciones. En estos casos, es extremadamente difícil convertir el *engagement* en ventas, ya que los me gusta y el número de veces que se comparte una publicación son acciones bastante simples cuando se trata de generar ingresos. Incluso si a un usuario le gusta su contenido, no significa necesariamente que le guste su producto lo suficiente como para comprarlo o que tenga una conexión significativa con su marca.

Dado que Instagram está oficialmente solo disponible para Android e iOS, los usuarios con dispositivos que se ejecutan en otros sistemas operativos no pueden acceder a esta plataforma. Además, no todos los clientes potenciales tienen acceso Instagram o usan esta red social. Recientemente, algunos usuarios se han dado cuenta de la adicción que causan las redes sociales, por lo que están pasando por un proceso de "desintoxicación de las redes sociales" o están desinstalando aplicaciones. Aun así, es seguro decir que estas cuentas solo representan un muy pequeño grupo que apenas hacen alguna diferencia cuando se ve el panorama completo.

La falta de opciones para configurar la privacidad

Una de las configuraciones de privacidad que todos queremos y esperamos poder tener en el futuro es ajustar la privacidad de cada publicación. En la actualidad, no podemos hacer que ciertas publicaciones sean privadas y otras públicas según nuestras preferencias. Solo se puede configurar toda la cuenta para que sea privada o pública. En cuanto a ocultar el contenido, se pueden archivar las publicaciones y volver a añadirlas al perfil más tarde si así lo desea o bien eliminarlas por completo.

Cambios que se espera que ocurran en la plataforma

Aunque en el 2019 presenciamos cambios importantes, como la introducción del modo oscuro, la función "Restringir" para bloquear los comentarios de odio y el temporizador de cuenta regresiva en las historias, entre muchos otros, todavía hay mucho más que esperar para este año y así poder planear con antelación según lo que ocurra.

Se ocultarán los me gusta de las publicaciones

En 2019, la plataforma comenzó a probar una nueva característica para ocultar los me gusta en las publicaciones en algunos países, incluyendo Italia, Australia y ahora Estados Unidos. Instagram anunció que estaba dando este paso para reducir la comparación y el ciberacoso, y hacer de la plataforma algo más que una carrera para ver quién consigue más me gusta. Aunque podría afectar el *engagement* y la interacción de los seguidores con las marcas de alguna manera, las características de comentar, compartir e interactuar a través de historias y videos en directo permanecerán, manteniendo el *engagement* intacto. Incluso antes de que la característica sea implementada globalmente, algunas marcas ya están preocupadas por la pérdida de interacción que podría causar. Sin embargo, es importante señalar que usted todavía podrá ver el número de me gusta que ha recibido en sus publicaciones, simplemente será invisible para los demás usuarios.

Esto podría conducir a un cambio del que todas las marcas podrían beneficiarse: se restringirían las cuentas falsas y los bots que intentan hackear los nombres de usuario con más seguidores o *engagement* para apoderarse de su contenido genuino. Estos cambios han tenido éxito en la mayoría de los países en los que se probaron y posiblemente podrían introducirse este año en todos los países que tienen Instagram. Por lo tanto, sugerimos que planifique sus estrategias de marketing y contenido según esto.

Datos acerca de los hashtags

El uso de hashtags ha sido una estrategia común para aumentar la visibilidad en varias plataformas de redes sociales. Instagram le permite añadir hasta 30 hashtags a su pie de foto debajo de la publicación. Mientras que algunos expertos en marketing abogan por añadir solo hashtags populares para que su cuenta sea vista en la sección "Explorar" y sea clasificada fácilmente dentro de su nicho, algunos sugieren crear sus propios hashtags y experimentar con ellos. Una vez que su hashtag único gana popularidad y es reconocido fácilmente, ayuda a crear conciencia de marca y a establecer la identidad de la misma.

Una función reciente de los hashtags le muestra el número de impresiones que cada hashtag le proporciona. Le ayuda a entender el uso de las etiquetas de forma individual y le da una idea clara de lo que está funcionando. Es mucho más útil que las impresiones recogidas anteriormente que podían ser difíciles de analizar. Esta característica lo ayudará a crear un plan claro de pies de foto y hashtags para sus futuras publicaciones y disminuirá la necesidad de depender de la navegación por la web para identificar los hashtags más populares. Podemos esperar que esta característica esté al alcance de todos los usuarios del mundo para mejorar el marketing, especialmente el de las marcas y los vendedores de contenido.

Si su Instagram tiene esta característica disponible, puede ver la información de cada publicación debajo de ella y echar un vistazo a las impresiones que provienen de los hashtags.

Cuentas de creador

Junto con las cuentas personales y de empresa, a los creadores como los influenciadores y los blogueros se les ofrece una opción llamada "Cuentas de Creador". Esta característica permitirá a los creadores de contenido tener más control sobre su panel de

"Mensajes Directos" con la posibilidad de ordenar sus mensajes y la opción de monitorear estadísticas específicas. Para cambiar a un perfil de creador, vaya a "Configuración", toque en "Cuenta" y luego en "Cambiar a una cuenta profesional" > "Creador".

A pesar de que esta característica es bastante nueva, podemos esperar algunos ajustes o nuevas actualizaciones a esta categoría durante este año. Esto se debe a que la comunidad de influenciadores y blogueros están creciendo rápidamente en las redes sociales y ellos también necesitan un tipo de cuenta específica para atender sus necesidades. También los ayudará a entender si el tipo de contenido que están produciendo está atrayendo suficiente atención o no.

La interfaz y las plantillas de las historias

Las últimas actualizaciones de esta red social incluyen nuevas funciones en las historias como los cuestionarios, las preguntas y respuestas, GIF y stickers. También puede que haya notado las nuevas plantillas de historias que le permiten escribir respuestas en cajas vacías, lo que hace la interacción más divertida. Este año, podemos esperar una interfaz aún mejor que incluya plantillas más fáciles de usar y características interactivas que serán útiles para que las marcas aumenten la interacción.

Puede aumentar la interacción haciendo preguntas sencillas a sus seguidores, como, por ejemplo: "¿cuáles son los libros que están leyendo actualmente?" o "¿qué productos de belleza recomiendan?". Las plantillas desarrolladas para proporcionar a los usuarios una interfaz atractiva y fácil de usar los incitarán a responder. Esperamos que haya más interfaces y plantillas de este tipo en el 2020.

El programador de Instagram

Aunque muchas empresas han estado utilizando herramientas de terceros para programar, actualizar y subir publicaciones, Instagram lanzó recientemente su programador nativo para ayudar a las empresas a prosperar en esta plataforma. Sin embargo, esta característica todavía no es 100% efectiva porque tiene algunas limitaciones. En primer lugar, no se permite programar las historias, las cuales forman una parte muy importante de las campañas de marketing e interacción. En segundo lugar, tendrás que usar Creator Studio en lugar de usar la aplicación Instagram para trabajar con el programador. Tercero, tendrá que vincular su página de Facebook a este programador para que pueda funcionar.

Si cree que ya está acostumbrado a la herramienta de terceros que utiliza actualmente, y si ya funciona bien, puede esperar a que las nuevas características o actualizaciones del Programador de Instagram lo hagan más eficiente. Pero si es nuevo en esto, puede empezar usando el Programador de Instagram y familiarizarse con él hasta que llegue la nueva actualización. Sea cual sea la herramienta que utilice, asegúrese de que le ahorra tiempo y le facilita las tareas.

A pesar de estos retos y cambios, Instagram sigue siendo una de las aplicaciones de redes sociales más populares para promover su negocio de forma orgánica. No importa si se trata de una empresa de nombre reconocido o de una pequeña tienda de artículos para el hogar, todos los negocios han visto algún tipo de éxito en Instagram al utilizar excelentes estrategias de marketing y producir contenido consistente. Aunque no todo es color de rosas, usted definitivamente puede superar las limitaciones y labrarse un camino hacia el reconocimiento en esta red social.

Capítulo 4: Configure su cuenta de empresa

Aunque ya hemos hablado de las ventajas de utilizar una cuenta de empresa en Instagram, este capítulo tratará en detalle todas las indicaciones para su uso y las razones para hacerlo. Explicaremos los detalles sobre la creación de una cuenta de empresa junto con las características y beneficios adicionales que pueda haberse perdido en el capítulo anterior.

Creación de una cuenta de empresa

Configure su perfil

Seguramente debe recordar las instrucciones para crear una cuenta en Instagram que explicamos al principio de este libro. Para cambiar a una cuenta de empresa debe seguir un proceso similar. Primero debe registrarse, configurar una cuenta regular y después podrá cambiar su perfil a una cuenta de empresa. Vamos a discutir la etapa inicial de nuevo, esta vez con más detalle, para ayudarlo a prepararse para el cambio a una cuenta de empresa.

• Elementos básicos

Digamos que usted es un nuevo usuario y ha seguido las instrucciones del primer capítulo para crear una cuenta. Como sabemos, puedes registrarte con su número de teléfono, con los datos de su correo electrónico o con la información de acceso de su Facebook para vincularlo a su cuenta de Instagram. Para empezar con la configuración básica de la cuenta de empresa, debe añadir su correo electrónico profesional, un número de contacto y la dirección de su oficina o local si desea que los clientes se acerquen a usted. Es obligatorio rellenar uno de los campos de contacto para completar la configuración del perfil. Le sugerimos que utilice su correo electrónico del trabajo ya que le ayudará a encontrar contactos profesionales fácilmente y viceversa.

- **Elegir la foto de perfil**

Aunque Instagram no permite a los usuarios ver las fotos de perfil en modo de pantalla completa, estas siguen jugando un papel importante al momento de ser reconocido en la red social. De hecho, se convierte en un desafío, ya que la ventana de la foto de perfil es de solo 110x110 píxeles, por lo que debe asegurarse de que está causando un impacto con esa pequeña imagen. Debe elegir la foto de su perfil o "avatar" dependiendo de su nicho de negocios y de su disciplina. Puede ser su logotipo o una fotografía creativa de sus productos, dependiendo de las personas a las que quiera llegar y de su público objetivo. Si tiene muchas relaciones personales, también puedes usar una foto de su rostro para asegurarse de que sus seguidores lo conozcan a usted y a su negocio.

Hoy en día, las empresas son competitivas y prosperan al presentar las mejores versiones de sí mismas en internet. Es por eso que se pueden encontrar fotos de perfil muy creativas no solo en las cuentas personales, sino también en las cuentas de empresa. Aquí reside la gran importancia de tener un avatar adecuado.

- **Escribir una biografía persuasiva**

Escribir una biografía o bio de Instagram es un desafío creativo. Solo le dan algunos caracteres con los que trabajar y tiene que describir su marca o transmitir su mensaje en una o dos líneas. Tiene que ser lo suficientemente fuerte, persuasiva y descriptiva para que la gente se sienta atraída por ella, de modo que la revisen y luego sigan su cuenta. También tiene que asegurarse de que el estilo de escritura vaya bien con la estética de su perfil. Intente añadir tantas palabras clave relevantes como sea posible para que lo clasifiquen entre las principales búsquedas. Así es como funcionan los algoritmos de Instagram y de Optimización de Motores de Búsqueda (SEO). Si no es capaz de pensar de forma creativa, mantenga la descripción simple, pero informativa, ya que podría resultar contraproducente si se hace de otra manera. Basta con que sus seguidores sepan lo que hace y cuáles son sus objetivos, cosa que es suficientemente convincente.

Al momento de redactar la biografía, asegúrese de añadir el hashtag de su marca y el enlace a su página web al final para que sus seguidores la visiten y el tráfico aumente. Esto muestra la autenticidad de su marca y le da una ventaja profesional.

- **Encuentre contactos relevantes para seguirlos**

Si ha conectado su cuenta a Facebook al registrarse, tendrá automáticamente una lista de sugerencias para seguir a las personas en su lista de amigos de Facebook. Encontrará la opción de "Invitar a amigos de Facebook" que puede utilizar para enviar una invitación a toda su lista de amigos. También puede encontrar amigos de otras redes sociales como Gmail, Twitter, Yahoo! o LinkedIn.

Si desea encontrar amigos y seguidores manualmente, toque la opción "Saltar por ahora". Siempre puede volver a buscar amigos en Facebook si necesita encontrar contactos relevantes. Puede buscar personas o contactos mutuos que se hayan interesado en su negocio. Envíeles una solicitud de seguimiento y es muy probable que ellos lo sigan de vuelta. Consiga que otras personas lo etiqueten en sus publicaciones o realice sorteos para obtener más seguidores. De esta forma, siga probando todos los métodos hasta que haya establecido una base de seguidores sólida y llegue orgánicamente a nuevos seguidores una y otra vez.

Sin embargo, le aconsejamos que no compre seguidores para mostrar que tiene un alto número de estos en su perfil. Es un alcance inorgánico que dejará de funcionar en algún momento y no generará ingresos. Es mejor tener un comienzo lento y seguir hasta que tenga éxito, ¡y seguramente lo tendrá!

Elija un nombre apropiado

Además de lo anterior, también hemos mencionado la importancia de pensar en un nombre de usuario adecuado para su cuenta Instagram. Importa mucho porque este nombre será reconocido en las plataformas en línea donde usted dejará su huella. Por supuesto, es aconsejable atenerse al nombre de la marca si está haciendo negocios en esta red social, ya que este alias es lo que la gente usará cuando busque su marca. Debe ser pegajoso y fácil de recordar para que los usuarios puedan buscar su nombre cuando quieran.

Si su nombre de usuario o alias preferido no está disponible, puede encontrar formas creativas de ajustar su nombre de usuario ya sea agregando signos de puntuación, palabras adicionales como ".com", "yo soy" al principio u "oficial" al final del nombre de la marca, dependiendo de la categoría de su negocio. Esto, junto con su foto de perfil, representa el lado profesional de su negocio y le ayudará a causar una buena primera impresión. Por ejemplo, si se trata de una marca de moda o una empresa de ropa llamada "Con estilo boho", el nombre de su cuenta puede ser @conestiloboho.oficial; o si trabaja en una agencia inmobiliaria, puede elegir un nombre de usuario que muestre su nombre con su profesión, como "@carlosvega_bienesraices" para diferenciar su cuenta profesional de la personal. Intente encontrar un nombre de usuario que se acerque a su marca experimentando con diferentes combinaciones.

También tendrá la opción de elegir el título de la página o la categoría de la página, en la que tendrá que mencionar el área en la que se encuentra su empresa. Algunos ejemplos de categorías comunes incluyen arte, tecnología, entretenimiento, medios de comunicación, películas, música, restaurantes, comida, deportes, moda, sitios web, aplicaciones móviles, negocios locales y muchos otros.

Cambie a una cuenta de empresa

Ahora que ha creado una cuenta que está en funcionamiento, es hora de hacer el cambio. Vaya a su perfil, toque las tres líneas horizontales de la esquina superior derecha y toque en "Configuración". Verá la opción "Cambiar a cuenta de empresa". Toque en ella para activarla. Ahora tiene acceso a muchas características útiles que las cuentas personales no tienen, tales como publicar anuncios y visualizar análisis de *engagement*. Profundizaremos más en estas características más adelante.

Complete su perfil

Completar y editar su perfil es obligatorio para mantener la cuenta al día y recibir más seguidores cada día. Si ya ha subido una foto de perfil adecuada, ha redactado una buena biografía y ha añadido el enlace de su sitio web, es hora de probar algunas tácticas más, como cambiar de idioma o añadir enlaces a marcas y promociones para atraer a más clientes.

• Conecte su página de Facebook

Si usted ya tiene una página de negocios en Facebook, ahora puedes conectarla a su cuenta de empresa de Instagram para poder usar las herramientas de negocios. Si aún no tiene una página de Facebook, tendrá que crear una.

Cree un tema estético para su marca

Tener un tema atractivo en su cuenta de Instagram crea instantáneamente una buena primera impresión. Si usted es dueño de una empresa que vende ciertos productos, puede crear contenido estéticamente atractivo alrededor de ellos. Un factor importante a considerar al momento de diseñar un feed asombroso para Instagram es la paleta de colores. Muchas marcas exitosas usan una paleta de colores más clara o de tonos pastel en sus imágenes y videos. Algunas también utilizan cuadrículas y collages para que sea más atractiva cuando los usuarios se desplazan por sus feeds. Si su feed es atractivo, seguramente los usuarios abrirán sus publicaciones, luego las compartirán y seguirán su cuenta.

Si siente que no tiene esa ventaja creativa, puede contratar diseñadores gráficos, fotógrafos o aspirantes a directores de arte independientes que se ajusten a su presupuesto. Si sus productos o servicios no exigen o no encajan en el aspecto "estético", apéguese a la simplicidad y manténgase consistente para que su contenido se note. Si es poderoso, es probable que consiga más clientes potenciales. Aunque en el próximo capítulo hablaremos de la generación de contenido y de ser consistente, es importante que vaya tomando nota acerca del tema.

Otro punto frecuentemente subestimado es el uso de las fuentes adecuadas. Si sus mensajes utilizan texto que transmite ciertos mensajes o información de productos, es importante que elija fuentes apropiadas que atraigan a su audiencia. Es casi seguro que en algún momento utilizará texto en su contenido. Puede tratarse de superposiciones de texto en imágenes o subtítulos en sus videos.

Promocione sus publicaciones y compártalas

Como en los próximos capítulos hablaremos de los tipos de contenido, por el momento nos saltaremos ese tema y hablaremos de promocionar y compartir las publicaciones después de haberlas creado y subido. En primer lugar, asegúrese de escribir pies de foto cautivadores. A veces, la fuerza de los pies de fotos puede generar más interacciones que la publicación por sí sola. Los pies de foto se han abierto camino en los microblogs para compartir historias personales con las que los seguidores se encariñan. Para aumentar el número de veces que se comparten sus publicaciones, debe asegurarse de aumentar la interacción con sus seguidores involucrándolos en historias o simplemente respondiendo los comentarios.

Comparta sus publicaciones en las historias y anime a sus seguidores a compartirlas también. Otras estrategias de promoción consisten en pagar por publicaciones patrocinadas y publicar anuncios. Puedes establecer un presupuesto y gastarlo en los distintos tipos de anuncios que Instagram y Facebook ofrecen. Estas redes sociales se dirigirán a la audiencia dependiendo de sus historiales de búsqueda o de su público objetivo existente. Hablaremos más sobre los anuncios, sus tipos y cómo usarlos más adelante en este libro.

¿Por qué elegir una cuenta de empresa en lugar de una cuenta personal o de creador?

A estas alturas, ya tiene una idea general de lo que hace el análisis de las cuentas de empresa de Instagram. Proporciona información y datos demográficos relacionados con sus seguidores y lo que hacen. Aprovechemos para profundizar sobre el tema ahora.

Ya sabemos que con el análisis usted obtiene detalles sobre el grupo de edad, ubicación y género de los seguidores en la categoría "Audiencia". Estos también son útiles para conocer el nivel de interacción y *engagement* que sus seguidores han tenido en cada publicación. Para verlo, usted puede ir al panel "Actividad" para comprobar el número de me gusta, comentarios y la cantidad de veces que se compartieron y guardaron las publicaciones.

Además, las cuentas de empresa ofrecen el aspecto de una marca profesional y lo diferencian de los usuarios normales. Y por supuesto, tenemos las indiscutiblemente importantes pestañas de "Promocionar" y "Vender" para impulsar su negocio.

Las siguientes preguntas lo animarán a utilizar el análisis y las estadísticas de Instagram cuando empiece:

> ➢ ¿Cuánto contenido hemos generado durante la última semana? ¿Es más o menos de lo que habíamos generado anteriormente?

> ➢ ¿Estas publicaciones son suficientes para generar el *engagement* requerido?

> ➢ ¿Quiénes son nuestros seguidores y de dónde son?

> ➢ ¿Cuántas visitas e impresiones en el perfil y cuántos clics en el sitio web generamos en el último mes?

> ➤ ¿Cuál es el grupo de edad y el género de nuestro público objetivo?

> ➤ ¿Qué días de la semana nos traen el mayor *engagement*? ¿Cuáles son las horas pico en las que la mayoría de los usuarios interactúan con nuestras publicaciones?

> ➤ ¿Cuántos usuarios están más interesados en las historias que en las publicaciones?

Tomar en cuenta estas preguntas y sus respuestas puede derivar automáticamente en un plan de estrategia de marketing y contenido. Tendrá claro quién es su público y qué le gusta a sus seguidores, lo que a menudo es muy difícil de descifrar para los principiantes. Cree un plan de marketing de acuerdo a estos aspectos y continúe haciendo los cambios necesarios según sus conocimientos y análisis de los datos.

Factores adicionales

Ya hemos comprendido claramente los importantes beneficios de usar una cuenta de empresa en lugar de una cuenta personal o de creador, pero hay algunos factores adicionales que no hemos discutido todavía. Si comparamos los tres tipos de cuenta, aquí hay algunas características que una cuenta de empresa ofrecerá:

> ➤ Programación y publicación automática.
> ➤ Reservación de citas.
> ➤ Promoción del contenido de marca.
> ➤ Análisis y estadísticas.
> ➤ Opciones de contacto adicionales.
> ➤ Sección de mensajes con dos pestañas.
> ➤ Revisión de las estadísticas del contenido de la marca en Facebook.
> ➤ Creación y gestión de anuncios.
> ➤ Promoción de las publicaciones.

La función de reservar citas

Una característica menos discutida y utilizada que ofrece la cuenta de empresa de Instagram es la función de reserva de citas. Al suministrar su ubicación y sitio web, todos sus seguidores pueden visitar su oficina o ubicación física, pero también pueden reservar una cita. Instagram se ha asociado con muchos programas de programación y seguimiento de citas como MyTime, Shore, Appointments by Square, Acuity Scheduling y StyleSeat, entre muchos otros. También puede encontrar una función de "Reserva" para restaurantes y cafeterías u opciones de venta de entradas para conciertos y espectáculos populares.

Para recapitular, esto es lo que debe hacer en su cuenta de empresa para promover su marca: crear un perfil, renovarlo con una imagen de presentación adecuada y una biografía atractiva, pensar en un tema y un nombre de usuario creativos, crear contenido, publicarlo y promocionarlo, encontrar usuarios relevantes a los que seguir y utilizar tácticas para crear la máxima interacción. Los botones de CTA ("call to action" en inglés o llamada a la acción) como el enlace del sitio web y los detalles de contacto, junto con el análisis y las estadísticas demográficas, son características adicionales que lo ayudarán.

Después de tanta discusión sobre la creación de una cuenta de empresa, estamos seguros de que la suya va a destacar entre los demás. Ahora es el momento de profundizar en la práctica del marketing de Instagram. Empezaremos con la creación de contenido y la importancia de ser consecuentes con ello.

PARTE 2: MARKETING PRÁCTICO PARA INSTAGRAM

Capítulo 5: Crear contenido consistente capaz de persuadir

El primer capítulo sobre marketing práctico para Instagram se enfocará en uno de los aspectos más importantes de las redes sociales: el contenido. El contenido puede definir su marca o arruinar completamente su imagen. Una forma infalible de tener éxito en Instagram es publicar contenido de calidad y con consistencia. Y por consistencia nos referimos a publicar al menos una vez al día. El algoritmo de Instagram funciona de tal manera que apoya e impulsa el contenido que se publica de manera consistente, por lo que le da un fácil reconocimiento y más seguidores, lo que a su vez se traduce en más ventas. Ser consistente es una cosa, pero producir contenido de calidad es otra, y ambas deberían ir de la mano.

Aquí hay algunas formas interesantes con las que puede crear contenido de calidad, mantenerlo consistente y lograr sus objetivos:

La optimización para el perfil de su pequeña empresa

Como ya hemos hablado sobre la creación de un perfil de negocios y la optimización del mismo para una pequeña empresa, no vamos a entrar en muchos detalles sobre el tema. Lo hemos mencionado debido a su importancia para impulsar el contenido y convertirlo en *leads* y ventas. Para recapitular brevemente, el nombre de usuario, la foto de perfil y la biografía deben ser totalmente convincentes, con botones efectivos de llamada a la acción (CTA), los cuales incluyen un enlace de trabajo a su sitio web y datos de contacto como un número de teléfono o una ubicación física. Más allá de todo esto, el contenido es un factor importante que atraerá a sus seguidores para que permanezcan en su perfil y lo visiten a menudo.

Tomar fotografías de calidad

Las imágenes de alta calidad son extremadamente importantes en las redes sociales, y para conseguirlas, le sugerimos que tome en cuenta estos útiles consejos:

Organice un *setup* apropiado para sus fotos

Tener un equipo profesional que incluya herramientas básicas como una buena cámara, una grabadora de video y un ordenador portátil es necesario para tomar fotos de alta calidad. Aunque hoy en día las cámaras de los teléfonos móviles son bastante buenas, invertir en una cámara profesional le dará a sus fotografías la ventaja profesional que se merecen. Si no tiene las habilidades fotográficas necesarias, le recomendamos que aprenda a usarlas durante un buen tiempo hasta que pueda permitirse contratar a un profesional independiente, pero hablaremos de ellos más adelante en este capítulo.

Para tomar fotos increíbles, necesitará un *setup* apropiado. Necesita aprender algunas reglas básicas sobre el *setup* para sus fotos, como las formas de incorporar la luz natural, la exposición de la imagen o aprovechar la hora dorada para capturar las imágenes. La composición también es importante. Las texturas, formas y colores del objeto forman la "regla de los tercios", los cuales equilibran la imagen dentro de una cuadrícula invisible para lograr una composición adecuada. Considere su punto de vista y el marco del objeto o persona para capturar imágenes de la mejor manera posible.

Use aplicaciones y herramientas de terceros

Puede usar muchas aplicaciones de terceros para editar sus imágenes o usar fotos ya disponibles en otros sitios web para manipularlas según sus preferencias. Muchas aplicaciones y software de edición como VSCO, Aviary, Layout, Adobe Lightroom, Snapseed, Afterlight, entre muchos otros, están disponibles para añadir vida a sus fotos. Otras herramientas adicionales como Adobe Stock, iStock, o Piktochart le proporcionan fotografías tomadas profesionalmente o herramientas para ayudarlo a crear infografías y presentaciones para su empresa.

Algunas ideas para tomar fotos creativas

Aquí hay algunos ejemplos de cómo diferentes elementos o conceptos naturales pueden ser utilizados para su beneficio:

- **Minimalismo**

El contenido minimalista le proporciona a los milénials y a la generación más joven una sensación de satisfacción y simplicidad. El minimalismo ha estado de moda últimamente, por lo que las personas intentan incorporar el menor número posible de elementos en sus fotos. Este enfoque es estéticamente atractivo y atrae la atención de los usuarios.

- **Colores y patrones**

Un feed de Instagram colorido siempre es atractivo. Al elegir una paleta de colores para el tema estético de su marca, debe tener en cuenta el tipo de contenido que va a presentar a su público objetivo. Si se apega a esa paleta de colores y a esa estética, puede elegir temas que ofrezcan un estallido de color diferente para crear contraste y patrones que representen ciertas texturas para añadir vivacidad.

- **Fondos y detalles**

Los fondos y detalles son los elementos más cautivantes dentro de las imágenes. Ya sea un papel tapiz con textura o una granja llena de flores de colores, cualquier fondo que destaque puede ser utilizado como un atractivo telón de fondo para capturar su objeto. Del mismo modo, las tomas de detalles también pueden darle a su feed un aspecto diferente. Estas son frescas, apacibles y profesionales.

Publicar sus fotos

¿Cómo publicar sus fotos?

Una vez que sus imágenes estén listas, puede empezar a publicarlas usando su perfil de empresa. Aquí tiene una guía paso a paso de cómo hacerlo:

➢ Asegúrese de que ha descargado todas las imágenes necesarias a la galería de su teléfono móvil. Después de hacer clic en el signo más (+) en la parte inferior central de la aplicación, se abrirá una ventana para hacer clic en las imágenes o grabar un vídeo.

➢ Una vez que tiene las imágenes en su galería, toque la opción "Elegir de la galería".

➢ A continuación, puede ajustar el tamaño de la imagen, recortarla o seleccionar varias imágenes si es necesario. Esto último se conoce como una publicación de "carrusel". Si descarga una aplicación asociada a Instagram que se llama "Layout", también tendrá la opción de hacer collages.

➢ Edite las imágenes usando los filtros disponibles o las herramientas de edición manual como el brillo, el contraste, la nitidez o la función de viñeta.

➢ Haga clic en "Siguiente" cuando esté satisfecho con el filtro y escriba un pie de foto relevante junto con los hashtags requeridos.

> Finalmente, agregue la ubicación, etiquete a los usuarios que aparecen en la imagen o a otras cuentas y decida si desea compartirla en Facebook o no.

Cree contenido consistente

Para entender mejor este punto, vamos a utilizar un ejemplo o situación en la que usted está empezando una empresa de estilismo de moda o un negocio de ropa. Esto lo ayudará a obtener una visión completa y a entender mejor cómo crear contenido consistente. Estos pasos son útiles para crear contenido que durará al menos una semana o un mes, dependiendo de la cantidad de fotos que tome en un día. Hay muchas otras maneras de ser consistente, pero para nosotros esta es la que funciona mejor. Siempre tendrá algo que publicar y será contenido de calidad.

Paso 1: Seleccione el tipo de contenido y cree un tablero de inspiración

Su empresa de moda requerirá muchas sesiones de fotos con las modelos y las prendas de la marca. Este sería el tipo de contenido básico para su cuenta. Para crear contenido que se destaque, puede filmar videos entre bastidores o detrás de escenas. También podría contratar a personas influyentes que se dediquen al *micro-blogging* y darles la oportunidad de tener el control de generar contenido para su cuenta por un día.

Una vez que seleccione y planifique el contenido que quiere poner en una semana o durante todo el mes siguiente, tiene que crear un tablero de inspiración. Básicamente funciona como un tablero de Pinterest que le da ideas plausibles para generar contenido. También hará que sus estrategias de contenido sean más claras.

Paso 2: Cree resumen de lo que realizará o un plan detallado

Para este paso debe programar el plan completo junto con todas las locaciones y los horarios respectivos para la sesión de fotos. Una vez que conozca el tipo de contenido y el estilo, es el momento de crear un plan que vaya acorde a esos aspectos. Tendrá que coordinar con las modelas si va a contratar a alguna. Tenga siempre su plan a la mano para que pueda planificar toda la agenda de su día, lo que le hará más fácil moverse de un lado a otro y tomar las fotografías. Esto también lo ayudará a ahorrar tiempo y dinero.

Paso 3: Contrate a un fotógrafo, un trabajador autónomo o aprenda a hacerlo usted mismo

Si usted es propietario de un negocio que acaba de empezar, probablemente tendrá un presupuesto limitado. Pero si tiene los fondos suficientes, le recomendamos que contrate a un fotógrafo profesional o a un trabajador autónomo para que realice la sesión fotográfica para su sitio web y el contenido de las redes sociales. Si no es el caso, aprenda a tomar a fotografías usando tutoriales en línea o un curso básico para ahorrar dinero cada vez que quiera realizar una sesión fotográfica. Tener fotos de calidad es importante cuando se trata de presentar los productos al público y mostrar el lado profesional y serio de su negocio.

Paso 4: Ponga en marcha el plan

Una vez que haya ideado un plan y tenga las herramientas fotográficas listas para crear contenido, póngalo en marcha. Intente adelantarse a la programación para no agobiarse con algún obstáculo que pueda surgir. Es un día importante para usted, ya que está haciendo una sesión fotográfica para reunir una gran cantidad de contenido, así que prepárese lo suficiente para ello. Cuando termine, empiece a editar y a preparar las publicaciones finales y el contenido para el sitio web y las redes sociales lo más pronto posible. Prográmelos cuando haya terminado y ya tenga listo cerca de un mes de contenido.

Consejos de Chalene Johnson, la experta en contenido que genera engagement

Chalene Johnson es una de las principales expertas en marketing para redes sociales y una locutora de podcast de negocios. Es una empresaria conocedora de las redes sociales y tiene algunos de los mejores consejos para lograr que la audiencia de las redes sociales se involucre con su marca.

Consejo 1: Interactúe con su público

El primer y más importante paso para generar *engagement* con su público es interactuar con él. Si crea publicaciones que hagan preguntas o que pidan a los seguidores que etiqueten a sus amigos, conseguirá una interacción constante en la sección de comentarios. Intente responder a los comentarios para que sus seguidores sientan que son escuchados. Esto aumenta el valor de la marca y construye la confianza en ella. Las historias son una excelente forma de aumentar la interacción; puede realizar encuestas y cuestionarios, hacer rondas de preguntas y respuestas, o usar las plantillas de las historias. Si logra crear una buena cantidad de interacción en los comentarios e hilos, estará yendo por el camino correcto. Es incluso mejor si recibe mensajes personales a través de los DM. Es entonces cuando sabrá que realmente ha tenido éxito.

Consejo 2: Tenga un contenido vanguardista y diferente

Instagram ahora está saturado con un tipo de contenido común. Puede ver a todo el mundo publicando imágenes o vídeos de sus productos al estilo de Pinterest. Necesita crear contenido que sea vanguardista y diferente para destacar de otras marcas. Los usuarios están aburridos de ver contenido monótono y esperan tener algo nuevo de vez en cuando. Necesita mantener su contenido diferente al de los demás y crear algo con lo que sus seguidores puedan conectar y sentirse identificados. Puede ser algo personal o sincero, por ejemplo:

- Compartir la experiencia a través del contenido

Marcas como GoPro patrocinan a sus clientes a través de viajes y luego comparten las emocionantes experiencias de los usuarios en su cuenta de Instagram. Esto proporciona a sus seguidores un contenido visual fresco y crea más *engagement*.

- Contenido detrás de escenas

Como ya hemos explicado antes, y seguiremos haciéndolo en los capítulos siguientes, el contenido tras bastidores ha sido —y sigue siendo— un elemento crucial que ha revolucionado la forma en que se establece la confianza entre las marcas y los seguidores.

- Contenido que apela a las emociones

Levi's Filipinas creó recientemente un anuncio en el que un padre personalizaba una chaqueta en braille para su hijo ciego. No solo tuvo éxito al ganar el *Outstanding Marketing Award* en la mayor entrega de premios nacionales de venta al por menor, sino que también fue apreciado por la audiencia mundial. Esto realmente ayudó a Levi's a ganar más seguidores y generar más ventas. Puede seguir un patrón similar y generar contenido que sea sincero.

Consejo 3: Preste atención a las nuevas características

Cada vez que Instagram introduce una nueva característica, llama mucho la atención. Muchas agencias de marketing subestiman este aspecto y tienden a ignorar las nuevas características hasta que ya se han usado demasiado. Chalene Johnson sugiere trabajar con Instagram y estar al tanto de las nuevas características en todo momento. Por ejemplo, cuando la característica de IGTV fue lanzada, no muchos vendedores le prestaron atención. Los videos de IGTV fueron ganando terreno poco a poco y ahora se han convertido en un factor importante en casi todas las estrategias de marketing. Instagram se ha dado cuenta de su potencial y planea poner mucho dinero y dedicación en esta característica para desarrollarla más.

Chalene Johnson hizo una prueba en la que publicó un video de IGTV sin el botón de vista previa y luego publicó otro video similar de IGTV la semana siguiente con el botón de vista previa. Ella notó que el primer video solo tuvo 3.000 vistas, comparado con las 60.000 vistas del segundo video. Esto demuestra que necesitamos usar lo que Instagram nos presenta y escuchar lo que la aplicación tiene que decir.

Consejo 4: No se limite a crear contenido, ¡promuévalo!

Es completamente inútil crear contenido y sentarse a esperar que el mundo lo vea. Incluso si crea contenido impecable y extraordinario, ¿qué sentido tiene si no hay muchas personas que lo consuman? Necesita crear planes y estrategias para promover su contenido y sacarlo a la luz. Ya sea que necesite hacerlo estéticamente atractivo o informativo, sus clientes deberían querer guardar sus publicaciones sin importar la razón.

Pero no exagere. Chalene Johnson afirma que ver el mismo contenido a través de promociones cruzadas y verlo en historias una y otra vez aburre y frustra a la audiencia. Muchas marcas usan solo las historias para promover su contenido. Aunque muchos usuarios prefieren ver las historias por encima de otros tipos de contenido, promover las publicaciones todos los días en las historias es ineficaz. A nadie le gusta ver los numerosos puntos pequeños que conforman de diez a quince historias de una marca en particular en la parte superior de esta sección. Si quiere que sus seguidores lean un texto específico, puede grabar un video corto e incorporar el texto en él, en lugar de colocar el texto por sí solo durante seis segundos en las historias (lo que lo hará difícil de leer) o distribuirlo en múltiples historias.

Como todos sabemos, la consistencia es la clave. Use todos los recursos disponibles y edúquese para crear contenido consistente de la mejor calidad. Este es el principal factor que determinará el éxito de su marca en esta plataforma de redes sociales. Defina sus objetivos, prepare estrategias para el contenido y apéguese al plan.

Capítulo 6: ¿Cómo usar hashtags para atraer clientes?

Antes de profundizar en cómo los hashtags ayudan a atraer clientes y consumidores, hablemos primero de cómo surgió este fenómeno masivo de Internet.

La historia del hashtag

Todo comenzó con un simple tuit de Chris Messina, un diseñador, orador y ávido usuario de Twitter. Su tuit del 23 de agosto de 2007 decía: "¿cómo se sienten acerca de usar # (libra) para los grupos. Como en #barcamp [msj]?".

La idea de este tuit, como explica, era introducir, hasta cierto punto, la contextualización, el filtrado de contenido y la exploración a través de la casualidad dentro de Twitter. No se imaginaba que, en un corto período de tiempo, el concepto del hashtag recibiría una amplia aceptación en las diferentes plataformas de redes sociales y se convertiría en una etiqueta de metadatos de uso frecuente. Aunque se inspiró en un uso similar de "#" en otros sitios, se le atribuye ampliamente el mérito de ser el inventor del hashtag tal como lo conocemos hoy en día.

Puede haberse originado en Twitter, pero el concepto de los hashtags y su potencial para agrupar entradas similares es sumamente pertinente para cualquier plataforma de redes sociales con contenido rápido y dinámico. Por lo tanto, no fue exactamente una sorpresa que Instagram, con su vibrante contenido visual, llevara los hashtags a un nivel completamente nuevo.

Una explicación sencilla de lo que es un "hashtag" es que se trata de una palabra clave o frase que lleva el prefijo "#", cuyo objetivo es agrupar el contenido generado por los usuarios que sea del mismo tipo o tema.

Si bien ya se han demostrado las ventajas y la conveniencia del uso de los hashtags, al inicio la gente los odiaba principalmente por el aspecto que tenían en sus feeds. Pero, antes de que se dieran cuenta, los hashtags fueron adoptados tan ampliamente que ahora casi el 24% de los tuits medidos contienen hashtags.

Un vistazo a los hashtag en Instagram

Instagram adoptó los hashtags incluso mejor que Twitter. Un asombroso 66,6% de las publicaciones de Instagram contienen hashtags. ¡Eso es dos tercios de todo el contenido que se genera en la red social! Con los hashtags siendo usados tan extensamente, obviamente tienen potencial para usarse en el marketing si se emplean de forma inteligente y apropiada. Veremos cómo en las próximas secciones.

Según el *Instagram Engagement Report 2018* de Mention, que se basa en datos de 115 millones de publicaciones de Instagram, los cinco hashtags más utilizados ese año fueron #love (#amor), #instagood, #fashion, #photooftheday (#fotodeldía) y #style (#estilo). Sin embargo, no eran las etiquetas más útiles. Ese crédito va a las que pueden presumir de tener la mayor tasa de *engagement* promedio. Esas son #ad, #comedy y #meme. El hashtag #ad ("anuncio" en español), como su nombre lo sugiere, se usa para denotar contenido patrocinado, lo que resalta el poder del marketing de influencia en esta plataforma.

Otras estadísticas sugieren que una publicación de Instagram con al menos un hashtag disfruta de un 12,6% más de *engagement* que una publicación sin hashtags. Esto indica claramente que, si está planeando aumentar el potencial de marketing de su cuenta Instagram, es imperativo que esté a la vanguardia en lo que respecta al funcionamiento de los hashtags.

¿Por qué los hashtags son importantes en Instagram?

En la última década, Instagram ha sufrido varios cambios como aplicación. Sin embargo, los hashtags se mantuvieron firmes a lo largo de ese proceso. La razón es simple: ¡son demasiado importantes para eliminarlos!

Usar el tipo correcto de hashtags y dirigirse a un público específico en las publicaciones e historias sigue siendo una de las mejores estrategias para lograr un flujo consistente de público fresco a su cuenta de Instagram. El uso inteligente de los hashtags tiene un potencial inmenso para mejorar la tasa de *engagement* y el número de seguidores, lo que se traduce directamente en más negocios para su marca.

Una cuenta pública de Instagram con publicaciones que tengan un hashtag relevante se mostrará en la página de ese hashtag en particular. Algunos usuarios prefieren seguir las páginas de un hashtag específico para consumir contenido relevante en lugar de seguir a las cuentas de Instagram. Esta base de audiencia constituye una fuente importante de tráfico para sus publicaciones. Esta es una gran manera de llegar al público objetivo con el que no tenía ningún *engagement* previo. Si puede impresionar a los novatos con contenido relevante de calidad, seguramente serán sus seguidores.

A efectos prácticos, los hashtags en Instagram pueden ser descritos como palabras clave con las que puede maximizar la visibilidad de sus publicaciones. Uno simplemente no puede imaginarse la construcción de una cuenta de Instagram atractiva y muy exitosa si no se aprovecha al máximo el potencial de marketing de los hashtags.

Cosas para recordar antes de diseñar sus propios hashtags

En primer lugar, si su perfil de Instagram es privado, los hashtags asociados a sus publicaciones no se mostrarán en las páginas respectivas del hashtag. Si su objetivo principal es atraer a más clientes, un perfil privado limita seriamente sus posibilidades. Por supuesto, una vez que consiga el nivel de popularidad requerido, puede permitirse volver su cuenta privada para tener control sobre el tipo de seguidores que consumen su contenido. Pero para los principiantes, una cuenta pública ofrece un potencial de crecimiento mucho mayor.

La estructura de los hashtags permite usar números, pero no se permiten los espacios en blanco ni los caracteres especiales. Además, solo puede usar hashtags en su propio contenido y no puede usarlos para etiquetar publicaciones de otros usuarios.

Si bien el uso excesivo de hashtags en una sola publicación puede no dar los resultados requeridos —el uso de demasiados hashtags reduce la especificidad de su contenido—, Instagram le permite utilizar hasta 30 hashtags en las publicaciones y hasta 10 hashtags en las historias.

Tipos de hashtags en Instagram y sus ventajas

Hay diferentes tipos de hashtags en Instagram y entenderlos es vital para lograr una estrategia de hashtags eficiente para su cuenta. Las tres categorías principales son los hashtags de comunidad, los hashtags de marca y los hashtags de campaña.

Los hashtags de comunidad

Como su nombre indica, los hashtags de comunidad están diseñados para reunir a personas con ideas afines. Es una gran manera de establecer su propia comunidad y ganar seguidores con gustos e inclinaciones similares. Los hashtags de comunidad también mejoran la capacidad de búsqueda de sus publicaciones.

Hay varios tipos de hashtags de comunidad, los cuales incluyen aquellos que indican sus productos o servicios, como #cafetería, #pizza, etc.; los hashtags que indican su nicho profesional, como #periodista o #DJ; hashtags para las comunidades de Instagram en su nicho, como #carspottersofinstagram, #foodiesofinstagram; hashtags para eventos o temporadas especiales, como #díadelosmuertos o #navidad; hashtags específicos para una ubicación, como #hechoencolombia, #tatuajesmexico, #cocinaperuana, etc.; hashtags diarios, como #throwbackthursday, #mondaymotivation, #wheeliewednesday; hashtags que contienen frases relacionadas con actividades, como #yogasana, #manejaconprecaución; hashtags con acrónimos, como #motd, que significa meme del día; y hashtags con emojis, que aunque no se permiten caracteres especiales, sí puede emplear emojis como hashtags.

El uso de una variedad de hashtags de comunidad en las publicaciones puede ayudarlo a llegar a comunidades diferentes, pero relevantes. Por ejemplo, si usted se dedica a dar clases de yoga en Barcelona, puede usar el hashtag #yogabarcelona para cubrir a los clientes potenciales que estén buscando un lugar donde ver clases en esa ciudad, y también puede usar #yogalifestyle (el yoga como estilo de vida) para atraer a los entusiastas que están interesados en su vida diaria como instructor de yoga.

Hashtags de marca

Los hashtags de marca son una gran manera de desarrollar su identidad de marca y aumentar su cobertura en Instagram. El hashtag puede ser el nombre de su empresa, el nombre de un producto o incluso el eslogan. También puede ser un indicador fuerte de la identidad de su marca en lugar de ser el nombre de la marca en sí mismo. Por ejemplo, #justdoit de Nike funciona muy bien como hashtag de marca. La marca de ropa deportiva logra que sus seguidores utilicen su hashtag, lo que es una gran manera de ampliar su alcance y atraer a un nuevo público.

Otra ventaja de usar hashtags de marca es que puede te tener su propia pestaña en la página de hashtags para obtener información sobre dónde y en qué contexto sus seguidores están usando la etiqueta de su negocio. Esto puede ser útil para ajustar su estrategia de hashtags o incluso para plantear una campaña de marketing efectiva.

Hashtags de campaña

Los hashtags de campaña difieren de los dos tipos anteriores en cuanto a la duración de su uso. Mientras que los hashtags de comunidad y de marca están destinados a durar para siempre, los hashtags de campaña son estacionales o se utilizan solo durante pocos días. Si su negocio o página necesita una inyección de energía para estimular la interacción, los hashtags de campaña son el camino a seguir.

No hace falta decir que los hashtags de campaña suelen asociarse con el lanzamiento de nuevos productos, ofertas por períodos limitados, una asociación temporal, etc. Todas estas actividades pueden alcanzar su máximo potencial si se les da un uso correcto a los hashtags de campaña.

Encuentre los mejores hashtags para su cuenta de Instagram

Aunque puede ser tentador e intuitivo usar los hashtags más usados de la plataforma como #love e #instagood en sus publicaciones, debe saber que estos hashtags que se usan millones de veces en realidad no funcionan bien para atraer una nueva audiencia. Convierten su interesante publicación a una aguja en un pajar y reducen su potencial para llegar a su público objetivo.

Cuanto más enfocado en su nicho sea el hashtag, mejor será la tasa de *engagement* en la publicación. Por ejemplo, si tiene una cuenta Instagram para promocionar su negocio yoga, en lugar de usar un hashtag genérico y común como #yoga o #yogalife, podría usar hashtags más específicos como #clasesdeyoga, #yogatodoslosdias, etc.

Al final del día, encontrar los mejores hashtags para su cuenta marca la diferencia a la hora de determinar si logra llegar al público objetivo y aumentar sus seguidores o no. Hay algunas maneras comprobadas de encontrar los hashtags que mejor se adapten a su negocio y a su página.

Conozca el comportamiento de su público

Inventar hashtags espontáneamente no lo ayudará a llegar al público objetivo correcto. Es imperativo que elija su público objetivo y analice su comportamiento, el tipo de hashtags que usan y que luego elija aquellos que son adecuados para su página, productos y servicios. Al hacerlo, descubrirá hashtags que no solo son relevantes, sino que también se duplican como palabras clave que las personas están buscando en Instagram.

Fíjese en lo que hacen sus competidores

La inteligencia competitiva es importante en cualquier tipo de negocio, algo que también aplica para la creación de una cuenta de Instagram exitosa. Saber qué tipo de hashtags prefieren sus competidores le dará una visión fiable de las etiquetas que tienden a generar *engagement*. Aunque es posible que no tenga que competir con los hashtags de su rival, explorarlos le dará una idea de lo que mueve a su público objetivo. La mayoría de las veces terminará encontrando un hashtag único que vaya bien con su página.

Vea lo que hacen los líderes de la industria

Los principales influenciadores de Instagram en su campo o los que tienen un público objetivo similar están en la cima porque deben estar haciendo las cosas bien. Por lo tanto, siempre es una buena idea vigilarlos de cerca para descubrir algunos hashtags de alta calidad para su propio uso. Puede aprender mucho más de los principales influenciadores de su nicho que de solo buscar nuevos hashtags. Su contenido podría inspirarlo o incluso darle ideas nuevas e interesantes.

Explore otros hashtags que estén estrechamente relacionados

Si tiene éxito con un hashtag, siempre vale la pena monitorear las publicaciones de otros con la misma etiqueta y buscar otras etiquetas que estén asociadas a ella. A menudo, este ejercicio lo llevará a otros hashtags exitosos que están estrechamente relacionados con el que ya lo ayuda a atraer multitudes. Si encuentra tales hashtags relacionados, úselos para ampliar su alcance.

Formas de optimizar sus hashtags en Instagram

Como cualquier otro canal basado en búsquedas, las estrategias de hashtags para Instagram deberían evolucionar junto a los siempre cambiantes algoritmos y las mejores prácticas de la plataforma. Mediante una excelente estrategia de hashtags no solo se llega a un número máximo de personas sino también al tipo de personas adecuadas para su negocio. Ahí es donde entra en juego la optimización de sus hashtags.

La mejor manera de optimizar y afinar su estrategia de hashtags es monitorear las métricas de cerca para medir el desempeño de los hashtags anteriores. Esto le ayudará a aumentar el número de hashtags que funcionan para su página y negocio. La herramienta analítica de Instagram, Insights, le dice cuántas personas llegaron a su página a través de los hashtags que utilizó. También puede utilizar una de las muchas aplicaciones analíticas de terceros pagas, como Later, que ofrece aún más información, incluyendo los hashtags que están generando más me gusta, comentarios, publicaciones guardadas, impresiones y alcance. Estos servicios también le dan información objetiva sobre el rendimiento de sus nuevos hashtags.

La mejor manera de maximizar el potencial de un hashtag es intentar entrar a la codiciada categoría de "Publicaciones Destacadas" de ese hashtag. Esto naturalmente dirige mucho tráfico hacia su cuenta. Para que una publicación entre a la lista de destacadas, debe asegurarse de que obtenga un alto nivel de *engagement* en un período de tiempo relativamente corto. Básicamente, tiene que ser interesante y viral. Esto le dice al algoritmo de Instagram que su publicación es de alta calidad y muy entretenida.

También puede añadir los hashtags de marca a su biografía de Instagram para que se conviertan en visitas al sitio web. Además, no pierda la oportunidad de añadir hashtags a sus historias. Puede hacerlo utilizando la función de cuadro de texto (que le permite añadir hasta 10 hashtags) o utilizando la herramienta de hashtags para ver cuáles son los más relevantes y elegir el adecuado.

Una de las actualizaciones más importantes de Instagram en 2018 fue la característica que permite a los usuarios seguir los hashtags que prefieran. Esta es una gran oportunidad para que los negocios maximicen el *engagement* con su público. Si puede conseguir que sus seguidores también sigan sus hashtags de marca únicos, entonces sus publicaciones pueden aparecer dos veces en sus feeds: una vez porque siguen su página y otra porque siguen su hashtag.

Hacer campañas y concursos basados en hashtags es otra forma popular de potenciar su hashtag y optimizar su potencial.

¿Cuántos hashtags debería usar por publicación?

No hay una respuesta simple a esta pregunta. Mientras que algunos expertos recomiendan que use tantos hashtags como sea posible para maximizar su alcance, algunos creen que apegarse a solo cinco por publicación produce los mejores resultados posibles y lo mantiene todo dentro del público objetivo. Lo importante es que todo depende de su nicho, la naturaleza de las publicaciones y la magnitud de su público objetivo. Es aconsejable mezclar todo hasta encontrar el equilibrio adecuado para su cuenta de Instagram única.

Los hashtags son las superestrellas de Instagram. A estas alturas, ya debe haberse dado cuenta del inmenso impacto positivo que una estrategia de hashtags debidamente calibrada puede tener en los clientes o en los consumidores. También le ayuda a construir una relación duradera con sus seguidores. Por lo tanto, le recomendamos que tenga estos puntos en mente mientras diseña su propia estrategia única de hashtags.

Capítulo 7: Las historias: 6 formas de construir su marca

Todos debemos estar de acuerdo en que hay algo en las historias que impulsa la curiosidad y la emoción. Es asombroso ver cómo las marcas y los usuarios intentan exprimir hasta la última gota de creatividad en su contenido para destacar. Las historias son una gran herramienta para estas marcas. Entre los mil millones de usuarios activos de Instagram hasta la fecha, alrededor de la mitad de ellos —es decir, 500 millones de usuarios—ven las historias diariamente. Desde la llegada de las historias, la gente ha tenido más contenido para ver en Instagram. No solo están utilizando más esta aplicación y permaneciendo en ella durante más tiempo, sino que también están dedicando el 50% de su tiempo a ver historias en lugar de publicaciones; tanto es así que los influenciadores y los vendedores están subiendo menos publicaciones a feed y más historias desde 2016, año en el que las historias entraron en escena. Se prevé que las publicaciones en el feed disminuyan aún más este año.

Si ya está intrigado, vamos por buen camino, pues en este capítulo discutiremos todo lo relacionado con las historias. Esto incluye lo que son, por qué son populares, por qué debería emplearlas en el marketing de su negocio y cómo usarlas.

¿Por qué usar las historias en el marketing de negocios?

Inicialmente diseñadas como un medio de simple interacción o como una ventana para compartir pequeños instantes de la vida, las historias eran el epítome del contenido ligero que los usuarios disfrutaban viendo. De manera lenta, pero constante, las empresas y marcas comenzaron a darse cuenta del potencial de este nicho y lo utilizaron para comercializar su contenido. No es de extrañar que esto se extendiera entre los usuarios y que las estrategias de marketing de las empresas despegaran a partir de las historias. Pero ¿cuál es el secreto detrás de las tan mencionadas historias y por qué se han vuelto tan populares?

El concepto de historias fue inventado inicialmente por Snapchat. Luego, fue adoptado gradualmente por Facebook e Instagram como una de sus principales características. Las historias son básicamente contenido ligero que desaparece en 24 horas. Son naturales y frescas, y atraen a los usuarios por su esencia. También son extremadamente poderosas para transmitir información y datos relevantes. Las historias convincentes son una gran manera de mejorar la comprensión y la receptividad entre dos fuentes.

Las historias están diseñadas básicamente para tener un formato vertical y ocupar toda la pantalla del teléfono. Es interesante ver contenido que cabe en toda la ventana. Los usuarios ya no tienen que girar sus teléfonos, entrecerrar los ojos o hacer zoom para ver el contenido. Es rápido, fácil y conveniente. También es una ventaja para las empresas, ya que no tienen que hacer hincapié en la producción de contenido fresco para sus historias cada pocos meses. Puede que los seguidores no recuerden por completo el contenido que produce una marca en particular. Sin embargo, sí pueden recordar el impacto o la impresión que el contenido tuvo en ellos. Las marcas siempre pueden modificar o darle la vuelta al contenido antiguo para presentarlo de una manera fresca.

Además, las historias no son necesariamente anuncios directos que de otra manera podrían ser desagradables para los seguidores. A menudo no tienen la intención directa de vender productos o convencer a los clientes de que compren servicios de alguna marca. Aquí no estamos hablando de anuncios en las historias. Las empresas y las agencias de marketing se esfuerzan mucho por producir contenido para las historias que destaque. Para saber lo que ya funciona y lo que funcionará este año, hemos elaborado una lista con algunos consejos sobre cómo utilizarlas para el marketing de su negocio.

Pero antes de eso, hablemos de cómo crear una historia simple.

¿Cómo crear historias?

Para crear historias no hace falta ser un genio. Siga estos simples pasos y estará listo para comenzar.

Paso 1: Capture el contenido

Abra la aplicación Instagram y verá un icono de una cámara en la esquina superior izquierda. Tóquelo y la ventana lo dirigirá a la función de cámara para grabar el contenido. Un gran círculo situado en la parte inferior central de la ventana sirve para tomar una foto, o bien, para grabar un video si mantiene el botón pulsado. También puede subir una imagen o un video que ya tenga en la galería de su teléfono si toca la pequeña miniatura en la esquina inferior izquierda.

Paso 2: Añada características

Cuando ya tenga el contenido que subirá, debe establecer el marco de visualización. Esto es lo que verán sus seguidores cuando toquen la historia. Puede dejar que cubra toda la pantalla o pellizcar la imagen para acercarla o alejarla. A continuación, puede añadir varias características como texto, la ubicación o la temperatura utilizando el tercer icono de la parte superior. También la puede realizar con características divertidas como stickers, GIF o incluso menciones y etiquetas.

Paso 3: Publíquela

Después de preparar el marco de visualización y de añadir todas las características necesarias, pulse el botón "Añadir a la historia". Puede decidir si ocultarla a alguien o formar un grupo cerrado para compartirla solo con los seguidores elegidos. También puede añadir las fotos o los videos a su panel de historias destacadas.

Cuando haya terminado, puede comprobar el número de seguidores que han visto la historia haciendo clic en ella una vez que se haya subido.

6 formas de usar las historias para su marca

1. Boomerang e Hyperlapse

Usar Bommerang e Hyperlapse es una forma divertida de crear *engagement* con las historias. Los Boomerangs son videos cortos o GIF que crean un bucle de ida y vuelta de los momentos que usted capture. Son usados principalmente por la generación más joven, sobre todo dentro de las historias. Hyperlapse es otra característica creativa que captura videos en intervalos de tiempo cortos. La aplicación utiliza el acelerómetro de su teléfono inteligente para capturar vídeos fluidos y crear un hiperlapso. Estas dos tácticas son útiles para crear contenido digerible que sea realmente atractivo.

2. Concursos o sorteros

Como hemos mencionado anteriormente, los concursos y los regalos son la mejor manera de generar mucho *engagement* y animar a la gente a seguir su marca. Muchos negocios se dan cuenta de la importancia de regalar artículos gratis para generar ventas e ingresos. La forma en que esto funciona es que usted anuncia concursos para ganar viajes gratis o productos recién lanzados pidiendo a sus seguidores que sigan y se suscriban a su página, y la compartan con otros amigos. Esto lo ayudará a ganar más seguidores y muchos clientes potenciales. Los concursos y los regalos han ganado mucha fuerza últimamente, por lo que le recomendamos encarecidamente que utilice esta táctica para atraer a más clientes.

3. Convierta su blog en historias

Muchas marcas tienen blogs en sus sitios web que contienen información sobre sus productos o su nicho. Aunque tengan un contenido excelente, la visibilidad disminuye debido a la saturación del mercado. Para superar este problema, puede utilizar la función de las historias para atraer más tráfico a su blog. A veces, usted solo quiere que sus clientes conozcan la información que se proporciona en su blog y eso podría reflejarlo en las historias si divide el contenido en partes más pequeñas. Puede planificar un montón de historias en un día concreto de la semana y asignar una entrada de blog a cada una. Para ello puede utilizar infografías creativas y un enlace a la entrada. Esto conduce a una mayor conciencia de marca y a un mayor tráfico hacia el blog o sitio web.

4. Encuestas y Preguntas y Repuestas (Q&A)

La sección de stickers incluye dos nuevas formas de generar *engagement* con su público: las encuestas y las encuestas deslizantes con emojis. Se utilizan para hacer preguntas a los clientes o para pedirles su opinión. Las encuestas incluyen dos opciones que deben ser respondidas por la persona que ve la historia. Con las encuestas deslizantes con emojis, los usuarios también pueden reaccionar a las historias expresando su opinión sobre cualquier pregunta deslizando el emoji en una barra. Estas funciones muestran el porcentaje de reacción de otros usuarios. Preguntas de encuestas como "¿qué producto prefieren entre estos dos?" o "¿cuál combinación de ropa les gusta más?" puede fácilmente obligar a su audiencia a responder. También puede usar la característica para realizar cuestionarios o un conjunto de preguntas y respuestas (Q&A) al presentar una pregunta y dar cuatro opciones con una respuesta correcta entre A, B, C, y D. Un gran ejemplo de una marca que utiliza constantemente encuestas y encuestas deslizantes con emojis es Lush Cosmetics. La marca ha descubierto su manera de crear una poderosa interacción con los clientes, lo que ayuda a impulsar más ventas.

5. Agregar enlaces a las historias

Después de llegar a 10.000 seguidores, Instagram le da la opción de añadir enlaces a las historias. Esto resuelve un gran problema: la imposibilidad de añadir enlaces a sus publicaciones. Ya sea un producto recién lanzado, una entrada en su blog o una actualización de su aplicación móvil, puede agregar el enlace a una historia después de compartir información relevante sobre lo que quiere compartir. Esto atrae la atención de los seguidores y les despierta la curiosidad. Un aspecto sorprendente de esta característica es que los usuarios no necesitan abandonar la interfaz de Instagram, sino que el enlace se abre directamente dentro de la aplicación, lo que lo hace completamente conveniente para ellos. También aumenta el número de visitas y el tráfico en su sitio web, ayudando a aumentar significativamente las ventas.

6. Las historias destacadas

Aunque el contenido de las historias desaparece después de 24 horas, puede mantenerlo permanentemente en su feed si lo añade a las historias destacadas. Hay una opción llamada "Añadir a las historias destacadas" en la parte de abajo de las historias. Puede crear un panel de historias destacadas y agregar un título a cada una, las cuales serán álbumes de sus historias favoritas o importantes. No hay límite para el número de historias destacadas que puede añadir o para la cantidad de historias que puede incluir en cada álbum. Es una forma increíble de mantener los momentos importantes de la marca resaltados en su feed. Esto es especialmente útil cuando ha cubierto eventos importantes durante un viaje y quiere mantenerlos visibles de forma permanente.

Formas de generar más tráfico

Mantenga las historias breves y concisas

Como discutimos anteriormente, a nadie le gusta un desfile de historias que son repetitivas y monótonas. En tal caso, la mayoría de los usuarios no prestarán atención al contenido, incluso si es creíble. Limítese a un máximo de diez historias para contar su relato. Todo lo que esté por encima de eso tendrá menos vistas de las previstas. Es necesario ir al grano y evitar las historias múltiples, especialmente si no hay conexión entre ellas. Una gran táctica para mantener sus historias en primera fila es programarlas y publicarlas después de un tiempo, digamos tres o cuatro horas. Esto permitirá que sus espectadores lo encuentren fácilmente y así pueda tener más vistas en sus últimas historias.

Use IGTV con las historias

Aunque hemos hablado de los videos de IGTV varias veces, los mencionamos de nuevo debido a la importancia que tienen, y también los mencionaremos más adelante en los siguientes capítulos. Pero aquí vamos a hablar sobre integrar los videos de IGTV con sus historias. Puede publicar un enlace que lleve al vídeo completo de IGTV en una historia, y luego añadir el enlace relevante a la descripción del video de IGTV. Como ya sabemos, no se pueden añadir enlaces a las publicaciones, por lo que esta función es muy útil.

Cree una *historia*: no se olvide del principio y el final

Las historias se llaman así por una razón. Exigen que cuente una historia que sea atractiva, cautivadora e interesante. Tiene un lienzo en blanco para producir anécdotas cortas y creativas que puedan dejar una impresión duradera en sus seguidores. Mientras esté planeando el contenido, intente incluir un comienzo interesante y un final satisfactorio, con un contenido que resuene con los espectadores. Incluso si está publicando historias a diferentes horas distribuidas a lo largo del día, debe asegurarse de que todas las historias se conecten. Asegúrese de que tengan un buen ritmo.

Termine las historias con un saludo o un simple "gracias" a sus espectadores.

Cree su propio estilo

Cuando usted le pone empeño al contenido, se nota. Mucha gente se toma las historias a la ligera y no está dispuesta a poner mucho esfuerzo en su contenido porque desaparecen en 24 horas. No se dan cuenta de que las historias son más vistas que las publicaciones y dejan una gran impresión de su marca. Por eso es importante crear un estilo propio que refleje la identidad de la marca. Elija ciertas fuentes, una paleta de colores o un tema que se destaque. Estos serán los elementos por los que reconocerán a su marca. Tampoco debe ser monótono. Juegue con el contenido, pero mantenga un rasgo sutil característico de su marca para que se destaque.

Usar las historias de Instagram para el marketing es un paso importante para alcanzar sus objetivos. Sin embargo, hay que tener en cuenta que estas tácticas y estrategias no deben ser repetitivas y frecuentes. Por eso es importante construir una estrategia de marketing y un plan de contenido que lo oriente de antemano sobre el tipo de contenido a utilizar.

Capítulo 8: Usar los videos para generar tráfico

Ahora que hemos explorado las imágenes y el contenido de las historias, pasaremos a otro tipo de contenido atractivo: el video. El contenido de video ha sido últimamente una poderosa herramienta de marketing, la cual también seguirá creciendo este año. Alrededor del 80% de las personas en internet ven videos para entretenerse e informarse en lugar de otros tipos de contenido. Puede usar esto para su beneficio si incluye contenido en formato de video en su planificación de marketing. De hecho, el 63% de las agencias de mercadeo ya han incorporado el marketing de videos en sus estrategias y planes de contenido.

Por eso, en este capítulo nos centraremos en todos los "porqués" y los "cómo" relacionados con el contenido en formato de video.

Beneficios de usar contenido en formato de video para los negocios pequeños

Ayuda a convertir vistas en *leads*

Entre todos los tipos de contenido, el contenido de video es el que tiene la mayor tasa de conversión. Alrededor del 71% de los comercializadores han afirmado que el marketing de video es más exitoso que otras formas de contenido y que da la mayor cantidad de *leads*. La mayoría de los seguidores que ven un vídeo lo comparten en sus historias o a través de mensajes directos. Esto lleva a más seguidores y tráfico en su sitio web, lo que en última instancia conduce a mayores ventas. Entre ellos, alrededor del 74% de los visitantes tienden a comprar un producto, generando así ingresos. Solo tiene que prestar más atención al tema y la sustancia de su contenido, y el resto seguirá su curso. En pocas palabras, cada vista se convierte en un *lead* exitoso.

Las personas prestan más atención

En comparación con otros tipos de contenido, los usuarios prestan más atención al contenido de los videos, ya que este tiene la capacidad de evocar sentimientos y emociones. Es una gran manera de construir relaciones con los seguidores. También muestra el duro trabajo y el esfuerzo que se pone detrás de las campañas. Como ya se ha dicho, el contenido de video que tiene algo relevante o informativo recibe más atención. Por ejemplo, el 90% de los espectadores afirman que se enteran de los nuevos productos y su funcionamiento a través de los videos en lugar del texto. Esto también aplica a los vídeos entretenidos y descriptivos.

Se comparte más en redes sociales

Según las estadísticas, alrededor del 76% de los espectadores afirman que comparten videos de entretenimiento con sus amigos, incluso si pertenecen a una marca. Con las herramientas de negocio de Instagram, puede ver el número de veces que se ha compartido cada video y determinar el tipo de contenido que funciona. Todo con lo que los espectadores se puedan sentir identificados y sea personalizado, humorístico o creativo está destinado a ser compartido más veces. Por lo tanto, es importante destacar y crear algo diferente. Un gran ejemplo de esto son los videos animados. Son simples, entretenidos e informativos al mismo tiempo. Puede crear un pitch para sus productos junto a un trabajador autónomo y publicar contenido animado de vez en cuando.

Son muy descriptivos

El contenido en formato de video no solo es fácil consumir y digerir, sino que también es una forma divertida de aprender. La mayoría de los creadores de contenido tratan de incluir toda la información posible en un video corto de entre 10 y 15 minutos. Los videos impactantes, que son incluso más cortos que eso, también son una manera muy efectiva de hacer que nuevos espectadores se involucren con su marca. Unos pocos minutos es un marco de tiempo apropiado para captar la atención de sus seguidores. Como se mencionó anteriormente, la mayoría de los usuarios prefieren aprender sobre un producto o tema a través de un video en lugar de leer, razón por la cual los vendedores prefieren hacer videos. También es genial para todos los compradores perezosos que de otra manera se abstendrían de comprar en línea debido a las largas descripciones de los productos. Los videos hacen que tomar decisiones rápidas sea más fácil y, por lo tanto, ayudan a vender más productos.

Hay buen retorno de la inversión

El contenido en formato de video no solo es atractivo e interactivo, sino que también es una gran fuente de retorno de la inversión en cuanto a tiempo y dinero. Puede imaginarse todo el tiempo, esfuerzo y dinero que se requiere para preparar un video, además de que a veces también resulta difícil. Ya hablamos del equipo y las herramientas necesarias para grabar un video, los cuales no son baratos. Por lo tanto, todo esto se agrega al costo, y a veces es necesario salirse un poco del presupuesto. Sin embargo, como muchos usuarios se involucran con el contenido en formato de video y son dirigidos a su sitio web, es muy probable que terminen comprando un producto. Esto impulsa más ventas, ayuda a alcanzar su objetivo y hace que valga la pena todo el dinero, tiempo y esfuerzo invertido.

El equipo necesario para grabar un video

Si ya tiene las habilidades necesarias para grabar videos, solo necesita un teléfono inteligente con una buena cámara para hacer el trabajo. Sin embargo, algunas empresas prefieren ir más allá y utilizar herramientas profesionales como una grabadora de vídeo o una cámara DSLR de alta calidad. Aparte de eso, solo necesitará algunos lentes y un fondo fijo, pero atractivo, para grabar todos sus videos, excepto cuando necesite hacer un cambio al contenido. Un trípode y luces de estudio portátiles son herramientas adicionales para mejorar sus videos y fotos. Es posible que también necesite algunas herramientas de terceros para editar sus videos.

Grabar un video para Instagram

Ya sea un video de 15 segundos para publicar en su feed o un video de 10 minutos en formato vertical para IGTV, hemos reunido algunos de los mejores consejos para grabar contenido en formato de video. Ahora, hay dos maneras de hacer esto. Puede grabar un video de sus alrededores al abrir la aplicación y hacer clic en el botón central para empezar a grabar, o grabar un video profesional con el equipo adecuado y luego subirlo a su perfil. De cualquier manera, solo tiene que seguir los siguientes pasos:

Paso 1: Considere la relación de aspecto

Ya sea que esté filmando para su feed o para un video de IGTV, el formato es vertical. Teniendo esto en cuenta, la relación de aspecto tiene que ser de 9:16, la cual también es la posición perpendicular de los videos normales, así que tiene que ajustar su cámara en consecuencia. Aunque Instagram ahora le permite subir contenido horizontal, le recomendaríamos grabar y subir contenido vertical ya que resulta más cómodo de ver, por lo que los usuarios suelen preferirlo.

Paso 2: Configure su cámara

Si está usando un teléfono inteligente para grabar, ya tiene resuelto el tema de la relación de aspecto. Solo necesitará una base para el teléfono. Con una cámara DSLR, tiene que girar la cámara a una posición de 90°. Coloque la herramienta en un trípode y ajuste la posición del objeto o persona que va a grabar.

• **Pro-Tip**

Un trípode con cabezal de bola o de rótula, también llamado *ballhead,* puede ayudarle a grabar con precisión una relación de aspecto 9:16 con una cámara DSLR. Fije el cabezal de bola a una placa de trípode, sujétela a su trípode y fije la cámara al cabezal. Puede ajustar, inclinar o girar la cámara según sus preferencias para obtener una toma suave y proporcionada. También puede usar un estabilizador de cámara, un monopie, luces de estudio o un control deslizante para obtener resultados profesionales.

Es posible que también necesite un micrófono en caso de que quieras añadir una conversación o sonido a su video. A menudo se coloca un pequeño micrófono en la camisa o blusa de la persona que habla en el video. Esto permite que haya un audio claro y le da un toque profesional.

Paso 3: Grabe y edite

Tan pronto como tenga el equipo y el *setup* listos, es hora de grabar. Tome múltiples tomas y muestras de video de la persona u objeto elegido, según su guion gráfico. Toque la pantalla de la cámara en el punto donde quiere mantener el enfoque.

Para editar su video, puede elegir uno de los filtros disponibles en la aplicación en caso de que lo haya filmado desde su teléfono. También puede usar algunas de las increíbles aplicaciones de terceros para editar sus vídeos con efectos especiales y para eliminar las tomas innecesarias.

Para elegir la música del vídeo, puede utilizar alguna herramienta externa o una aplicación como SoundCloud, AudioJungle o Soundstripe. Otras aplicaciones útiles para ayudarle a cortar cuadros, cambiar la orientación y editar el vídeo en general son VideoCrop, InShot, CutStory, entre otras.

¡Y eso es todo! Ya está listo para subir su video.

Tipos de contenido en formato de video para crear engagement

Humor y contenido ligero

¡El humor es nuestra forma favorita de generar *engagement*! Sugerimos que lo incorpore al contenido de los videos para llamar la atención. Es imperativo preparar contenido que sea ligero, divertido y pegadizo. Si usa Instagram constantemente, podrá ver a muchos jóvenes compartiendo memes y publicaciones sarcásticas por toda la plataforma. Sumérjase en los juegos de palabras y en la actualidad, o mezcle los memes de moda con su contenido para que sus seguidores se rían. Usar parodias de cualquier tema popular también puede atraer la atención. Esto muestra el lado inteligente de su equipo, y sobra decir que la generación más joven aprecia mucho el ingenio y la comedia.

Entrevistas con miembros de su equipo o clientes

Mientras planea sus estrategias de contenido, puede considerar hacer una entrevista a su equipo una vez al mes. Puede entrevistar a diferentes miembros del equipo en cada video o realizar una reunión colectiva que incluya cuestionarios, entrevistas y juegos. A su público le gustaría conocer las caras que hay detrás de su increíble marca y eso haría que confiaran más en usted.

Los testimonios en formato de video con los clientes son la forma más honesta de contenido que puede presentar a los espectadores. Si confía en sus productos y está seguro de que obtendrá críticas positivas, puede intentarlo. Como son testimonios verdaderos, los clientes potenciales obtendrán una opinión honesta y confiarán en su marca cuando compren sus productos.

Videos en directo

Los videos en directo han demostrado ser una de las técnicas de creación de contenido más atractivas hasta ahora. También tienen muchos beneficios adicionales. Son fáciles de crear, requieren menos tiempo y no necesitan una planificación tan minuciosa. Los videos en directo permiten que la audiencia interactúe con usted en tiempo real sin ningún filtro. Sus seguidores pueden reaccionar a los videos en directo y compartir comentarios en vivo. También puede realizar sesiones interactivas respondiendo a las preguntas de sus seguidores o invite a un influenciador que pertenezca a su nicho. Esto también lo ayudará a conseguir más seguidores de las cuentas de los invitados.

Personalización

Cuando ajuste el contenido y lo personalice de acuerdo con su público objetivo, es probable que obtenga más visitas. Un gran ejemplo es la forma en que Spotify lanzó la función de dar estadísticas de música personalizadas a cada usuario a finales de 2019. Muchos usuarios apreciaron este tipo de contenido y lo compartieron en varias plataformas. Esto ayudó a Spotify a ganar un gran número de nuevos usuarios en los meses siguientes. Puede identificar los rasgos de su público objetivo y entenderlo para diseñar el contenido personalizado que les gustaría y apreciarían. Algo con lo que se puedan identificar seguramente tendrá éxito entre sus seguidores.

DIY o descripciones de productos

Si su marca implica la venta de un producto, definitivamente necesita aprovechar el marketing en formato de video. Una gran forma de mostrar los productos a sus clientes es haciendo videos sobre ellos. Digamos, por ejemplo, que usted maneja una marca de maquillaje. Hay algunas formas estupendas de jugar con los productos para crear contenido en formato de video asombroso. Las siguientes algunas de esas maneras increíbles de hacerlo:

➢ Haga videos usando *motion design* y *time-lapse* para mostrar los productos más buscados o recién lanzados.

➢ Colabore con varios influenciadores que tengan una fuerte base de seguidores y contrátelos para producir contenido de video que muestre sus productos.

➢ Grabe un video de DIY ("hazlo tú mismo") o de "cómo usarlo" para explicar el funcionamiento de los productos.

➢ Compile datos curiosos o sorprendentes sobre los productos o los beneficios de su uso.

Estrategias para generar más tráfico a través del contenido en formato de video

Use la optimización de los motores de búsqueda (SEO)

Ya sea que use los videos de IGTV o videos cortos que serán publicados en su feed e historias, necesita utilizar otras estrategias, como el uso de hashtags para promover su contenido. Por ejemplo, si está compartiendo una muestra del video principal en sus historias, necesita incluir el enlace del sitio web a través del cual sus seguidores pueden encontrar el video completo. En este caso, el video también debe tener una clasificación más alta en la lista de búsqueda de Google para poder ser visto. Esto solo es posible mediante la Optimización de los Motores de Búsqueda (SEO). Necesita incluir ciertas palabras clave y frases al título y la descripción de su vídeo, lo que lo optimizará para obtener mejores resultados de búsqueda. El motor de búsqueda está diseñado para buscar resultados de acuerdo a palabras clave específicas y a las búsquedas de palabras comunes de los usuarios.

Prepare un plan de contenido

Necesita definir el tipo de contenido que hará dependiendo de su público objetivo. Ya hemos discutido muchas ideas de contenido en formato de video, por lo que puede elegir entre esas opciones y preparar un plan estratégico en consecuencia. Cada tipo de contenido que elija debe tener un propósito y ser capaz de conseguir más *leads*.

Lo siguiente que necesita incorporar a su plan de contenido es la consistencia. Ya hablamos de la importancia de ser consistente en capítulos anteriores, así que debe saber la razón por la que lo mencionamos de nuevo. La consistencia mantendrá su feed y su perfil en las búsquedas principales, y así será descubierto más fácilmente.

Conseguir tráfico a través de los videos se trata de encontrar el punto de vista y el ángulo que sus seguidores apreciarían e incorporarlo al contenido. Sabemos que filmar y publicar contenido en formato de video regularmente puede ser engorroso, y es precisamente por ello que sugerimos preparar un plan de contenido que funcione.

Capítulo 9: ¿Cómo vender sus productos en Instagram?

Instagram, al ser una red social con más de mil millones de usuarios, tiene un inmenso potencial para los negocios de comercio electrónico. Como ya sabemos claramente, no se trata solo del número de seguidores. Al menos 500 millones de usuarios de Instagram se conectan a la plataforma diariamente, y alrededor de 640 millones de usuarios (alrededor del 70% de la base total de suscriptores) siguen al menos a una cuenta de negocios.

Tener un océano tan vasto de clientes potenciales hace que Instagram sea una excelente plataforma tanto para el marketing de redes sociales como para los emprendedores. Al ser una red social proactiva, Instagram ha estado haciendo esfuerzos constantes para que la plataforma sea propicia para los negocios y las compras.

La función recién introducida llamada "Instagram Shopping" tiene como objetivo ayudar a las marcas y negocios a generar ventas y conseguir *leads* desde la plataforma.

¿Qué es Instagram Shopping?

Instagram Shopping ofrece a las marcas una vidriera virtual donde la gente puede explorar los productos a través de las publicaciones e historias orgánicas de las marcas. También pueden descubrir sus productos a través de las funciones "Buscar" y "Explorar". Está disponible en mercados selectos de Norteamérica, además de las zonas de Latinoamérica, Europa, Oriente Medio, África y Asia Pacífico.

¿Y cómo funciona? Bueno, puede usar etiquetas o stickers de productos en sus publicaciones e historias, y cuando los usuarios hacen clic en ellos, los llevan directamente a la página de descripción del producto que contenga imágenes del mismo junto con una descripción detallada y el costo. La página también incluye un enlace directo a su sitio web donde los usuarios pueden comprar el producto. Así que, en resumen, Instagram Shopping canaliza a los clientes potenciales a su página de productos, dándole una gran oportunidad de convertir los *leads* en ventas.

Básicamente, para las marcas es mucho más fácil destacar los productos que se incorporan a sus publicaciones e historias con esta nueva función. Esta característica hace de Instagram Shopping un canal extremadamente atractivo para las marcas de comercio electrónico.

Antes de que existiera Instagram Shopping, el viaje del cliente en la cuenta de Instagram de un negocio solía ser así: los clientes seguían la cuenta, disfrutaban del contenido y se interesaban por los productos que ofrecía. Luego, procederían a dar me gusta y comentar los artículos para saber más de ellos y su disponibilidad. En última instancia, tendrían que visitar el sitio web para tratar de buscar el producto que vieron en Instagram. No se garantizaba que cada cliente que se interesaba por un artículo gracias al contenido de la marca en Instagram, hiciera el esfuerzo necesario para encontrarlo en el sitio web y comprarlo. Esta es una situación desfavorable tanto para la marca como para su posible clientela.

Con la introducción de Instagram Shopping, la vida se ha vuelto mucho más fácil para ambas partes. La característica ha hecho que moverse entre dos canales diferentes (la plataforma de redes sociales y el sitio web del vendedor) sea un proceso sin interrupciones, ya que un simple clic en la publicación de Instagram que promociona el producto llevará al usuario directamente a la página donde puede comprarlo al instante. Lo único que necesita tener la página de la marca es un etiquetado correcto de los productos para que los clientes puedan hacer un seguimiento de los mismos fácilmente. Naturalmente, la tasa de conversión de los clientes potenciales en clientes reales es mucho mayor con Instagram Shopping.

Ahora, es momento de responder a la pregunta obvia:

¿Cómo vender en Instagram?

Hay dos tipos de caminos que se pueden explorar. Puede colocar los productos en las publicaciones o en las historias. Requieren enfoques diferentes, tal como veremos en la siguiente sección.

Vender productos a través de las publicaciones

➢ Antes que nada, es pertinente mencionar que Instagram Shopping todavía está en proceso de ser introducido en todo el mundo. Por ahora, la función solo está disponible en algunos países, por lo que el primer paso es comprobar si su país es uno de ellos.

➢ Una vez que haya determinado que Instagram Shopping está disponible en su país, el siguiente paso es conectar su cuenta Instagram al canal de Facebook de su marca. ¡Este paso es obligatorio!

➢ Después de conectar sus canales de Instagram y Facebook, puede proceder a configurar la cuenta de empresa de Instagram para su marca. Puede convertir su cuenta personal en una cuenta empresarial siguiendo unos sencillos pasos. Acceda a "Configuración" en su perfil y haga clic en "Cuenta". A continuación, seleccione "Cambiar a una cuenta profesional". Finalmente, seleccione "Empresas" y proporcione detalles sobre la categoría en la que se encuentra su negocio e información de contacto. Presione "Hecho" y su cuenta de empresa de Instagram estará lista. Una cuenta de empresa le dará acceso a varias características de negocios y a Instagram Insights, el cual puede ser utilizado para obtener información sobre la tasa de *engagement* de sus publicaciones y página.

➢ El siguiente paso es crear un Canal de Ventas de Instagram en su tienda Shopify para que pueda añadir productos a las publicaciones de Instagram y vincularlas a su tienda Shopify. Antes de hacerlo, debe configurar su página de Facebook y hacer una lista sus productos en el catálogo de productos de Facebook (usando la tienda de Facebook).

➢ El paso anterior se puede hacer si entra a su página de administración de Shopify, se dirige al botón "+" y hace clic en "Canales de Venta". Seleccione "Instagram" en la sección "Añadir Canales de Venta" y luego haga clic en "Añadir Canal". Finalmente, acceda a la página de su cuenta de Facebook para autenticar la cuenta Instagram en el canal de ventas. Una vez hecho esto, Instagram revisará la cuenta y le dará su aprobación. En caso de que se encuentre con un obstáculo, siempre puede enviar un ticket al centro de ayuda de Instagram donde explique el inconveniente.

➢ Luego de completar todos los pasos anteriores, ahora toca llevar sus increíbles productos a sus seguidores de Instagram. Puede simplemente publicar una imagen que contenga el producto y etiquetarlo seleccionando el botón "Etiquetar productos", y luego hacer clic en cualquier parte de la imagen como hace normalmente para etiquetar a personas. Una vez que haga clic en el lugar donde desea colocar una etiqueta, aparecerá una barra de búsqueda, en la que deberá escribir el nombre del producto exactamente como aparece en su tienda.

Y listo, ¡felicidades! Por fin ha añadido una publicación con todos los beneficios de Instagram Shopping. Recuerde que hay un límite en el número de productos que se pueden etiquetar en una imagen, por lo que es útil tener solo un número limitado de productos destacados por imagen. Si quiere etiquetar más productos en una misma publicación, entonces puede optar por las publicaciones de carrusel, es decir, publicaciones con múltiples imágenes.

Vender productos a través de las historias

Instagram permite a las páginas de marca posicionar sus productos y etiquetarlos en las historias para que los usuarios que están interactuando con estas puedan comprar directamente los productos en las tiendas de sus marcas favoritas. Dado que 300 millones de usuarios de Instagram interactúan con las historias a diario, la venta de productos a través de las historias es una oportunidad demasiado grande como para desperdiciarla.

Además, una encuesta reciente de Instagram demostró que la mayoría de los usuarios interactúan con las historias de cuentas de negocios específicamente para mantenerse al día con las actividades de su marca favorita.

Al igual que la venta a través de las publicaciones de Instagram, vender a través de las historias solo está permitido en algunos países donde Instagram Shopping esté disponible. Necesitará un canal de Facebook asociado, una cuenta de Shopify a la que pueda añadir un canal de ventas de Instagram y una cuenta de empresa de Instagram.

Una vez que todo esto esté configurado, puede crear historias que contengan sus productos, etiquetarlos y llevar a los clientes a la página del producto en su sitio web. Generar ingresos a través de la página Instagram es una forma divertida de manejar su negocio mientras continúa construyendo una conexión emocional con su audiencia potencial.

Instagram continúa mejorando la característica de compras al añadir nuevas funciones en intervalos regulares. Las últimas incorporaciones a Instagram Shopping incluyen una nueva pestaña llamada "Shopping Explore", una pestaña llamada "Shop" que se mostrará en el perfil de su negocio y la opción de comprar desde los videos.

Monitoree el desempeño de Instagram Shopping

La función Instagram Shopping Insights le ofrece un análisis vital que le permite medir el éxito de una campaña de marketing de productos en la red social. El análisis incluye las vistas de productos (el número total de veces que los usuarios tocaron las etiquetas de los productos y vieron la página de los mismos) y clics del botón "Producto" (el número total de veces que las personas hicieron clic en el botón de compra en la página del producto).

Destáquese utilizando contenido creativo para mejorar el *engagement*

Como el resto de los tipos de páginas de Instagram, una página de productos de una marca necesita *engagement* para ser exitosa. La creación de contenido excepcionalmente creativo y entretenido asociado a los productos es una forma segura de conseguir *engagement*. Además, el uso de hashtags de una manera eficiente puede hacer maravillas cuando se trata del *engagement*, tal como ya se ha discutido en detalle anteriormente en este libro.

No hay una sola manera de tener éxito al momento de vender productos en Instagram. Por lo tanto, no debe tener miedo de mezclar estrategias y adoptar un método de ensayo y error para encontrar lo que funciona mejor para su negocio, para sus productos específicos y para su público objetivo. Siga experimentando con el contenido del producto para mantener a su público involucrado, interesado y deseoso de volver por más. Usted podrá ser capaz de convertir el tráfico en clientes solo cuando logre atraer una cantidad adecuada a sus publicaciones.

Manténgase atento a la evolución de Instagram Shopping

Los primeros en adoptar Instagram Shopping han experimentado un gran éxito. Como mencionamos anteriormente, esta red social se está esforzando por mejorar aún más esta excelente herramienta de compras para incorporar más características y maximizar su potencial. Por lo tanto, como mánager de una cuenta de empresa de Instagram, es imperativo que usted esté constantemente al tanto de la evolución de la aplicación y de las nuevas actualizaciones que van llegando.

Explore las tácticas de cross-selling y upselling

Si le pregunta a cualquier anunciante veterano, le dirá que es mucho más caro traer un nuevo cliente a su marca que mantener a uno ya existente. Si también considera el hecho de que el 40% de los ingresos del comercio electrónico proviene de solo el 8% de sus clientes, surge un escenario interesante.

Por lo tanto, es de suma importancia idear una estrategia para aumentar el valor de los pedidos de los clientes y maximizar el potencial de su negocio. Aquí es donde intervienen el *cross-selling* y el *upselling*.

Convencer a los clientes para que compren un producto de su marca es la parte más difícil, pero una vez que se logra eso, es mucho más fácil darles un suave empujón para aumentar el valor promedio del pedido. No es muy diferente a la situación en un supermercado en la que un consumidor genérico entra queriendo comprar algunos artículos específicos, pero termina yéndose con un carrito de compras lleno de otros artículos. Todo lo que necesita hacer es presentar otros productos de su marca junto con el producto específico que le interesa al cliente.

- **Cross-Selling o ventas cruzadas**

Ahora, veamos de qué se trata el *cross-selling*. También llamada venta cruzada, es una táctica para aumentar las ventas sugiriendo productos relacionados o complementarios a los clientes. Por ejemplo, si logra convencer a su cliente de que compre un par de zapatos, puede crear contenido que muestre lo bien que van esos zapatos con un par de calcetines y pantalones de su catálogo y etiquetar esos productos también. Si el cliente está interesado en sus zapatos, lo más probable es que también esté interesado en comprar accesorios que vayan bien con ellos. La venta cruzada debe ser concebida de tal manera que añada valor a la compra inicial del cliente y mejore su experiencia de compra en general.

Está demostrado que el concepto de venta cruzada tiene el potencial de mejorar sus ingresos entre 10 y 30%. Esto se puede lograr fácilmente haciendo pequeños ajustes en la forma de crear el contenido de Instagram basado en sus productos.

- **Upselling**

En cuanto al *upselling*, se trata de una táctica en la que se convence al cliente para que compre un producto más caro y de mayor calidad, para que mejore el producto que le interesaba adquirir originalmente o para que añada uno o más artículos adicionales a su pedido. Por ejemplo, si usted está en el negocio de la venta de bicicletas y el cliente entró a la página de su producto con la intención de adquirir un modelo básico, usted podría sugerirle uno mejor con suspensión, frenos de disco, un portabotellas, neumáticos todo terreno, y así sucesivamente. Por lo general, si se les da a elegir, un número significativo de clientes estará feliz de comprar un producto superior y mejor equipado. Otro ejemplo es ofrecer accesorios para bicicletas "imprescindibles", como un casco o guantes de ciclismo, justo antes de que la persona haga el pago, durante el proceso de *check-out*.

Dependiendo de su catálogo de productos y su estrategia de ventas, puede optar por adoptar tácticas de venta cruzada o de *upselling* (o incluso ambas) para maximizar sus ingresos.

Ahora ya conoce cuáles son los beneficios de Instagram Shopping y cómo vender sus productos en esta plataforma de manera exitosa. Entonces, ¿qué está esperando? Es hora de crear la página de su marca en Instagram y ver cómo suben las ventas de sus productos. Por supuesto, anunciar su negocio de manera efectiva también jugará un papel importante en su éxito. Puede encontrar más información al respecto en el siguiente capítulo.

Capítulo 10: Promocione su negocio usando los anuncios de Instagram

Si está anunciando su negocio en plataformas digitales, pero sigue siendo escéptico respecto a la capacidad de Instagram de proporcionar un retorno de la inversión de su presupuesto de publicidad, este capítulo le hará cambiar de opinión. Puede que Instagram no tenga tantos seguidores como Facebook, pero está creciendo a un ritmo impresionante, lo que lo convierte en una plataforma seriamente viable para anunciar su negocio.

A diferencia de otras plataformas de publicidad digital, los anuncios de texto no son el fuerte de Instagram. Aquí se anuncia en formato de imagen o video, lo que le permite dar rienda suelta a su creatividad para diseñar campañas publicitarias realmente impactantes y atractivas. Además, Instagram le permite dirigirse al grupo correcto de personas en el momento justo con imágenes adecuadas.

Muchos anunciantes ya han empezado a recibir un mejor retorno de la inversión con la publicidad de Instagram que con la de otros canales. Con la estrategia correcta y un mejor entendimiento de cómo funciona Instagram, usted también puede aprovechar al máximo el potencial publicitario de la plataforma.

¿En qué se diferencia la publicidad de Instagram de la publicidad en otras plataformas?

Para anunciar su marca en Instagram, usted debe pagar para publicar contenido patrocinado con el objetivo de llegar al público objetivo y ampliar su base de seguidores. La meta principal del contenido patrocinado es mejorar la exposición de su marca, aumentar el tráfico al sitio web de su negocio, generar *leads* y empujar a los clientes potenciales que ya tiene hacia la conversión.

Como mencionamos anteriormente, la diferencia clave entre los anuncios de Instagram y los de otras plataformas de redes sociales es que, en el primer caso, los anuncios de texto están fuera de la ecuación. Necesita imágenes, un conjunto de imágenes o videos para llevar su negocio o productos al público objetivo.

Antes de hablar del procedimiento, veamos algunas estadísticas que resaltan la importancia y la eficacia de la publicidad en Instagram. En marzo del 2017, más de 120 millones de usuarios de Instagram visitaron un sitio web, buscaron direcciones, se pusieron en contacto (por teléfono, correo electrónico o mensajería directa) con un negocio para obtener más información, basados en los anuncios de Instagram. Según el gigante de las redes sociales, el 60% de los usuarios de Instagram dice haber descubierto nuevos productos en la plataforma, y hasta el 75% de ellos interactúan con el negocio después de haber sido inspirados por un anuncio. Cualquier anunciante admitiría que estos números son seriamente impresionantes.

Estadísticas demográficas de Instagram

Antes de invertir grandes cantidades de dinero en publicidad de Instagram, sería conveniente conocer la demografía de los usuarios para asegurarse de que su inversión se utilizará para llegar al tipo de público adecuado para su negocio.

Alrededor del 55% de los usuarios de Instagram tienen entre 18 y 29 años, mientras que el 28% tienen entre 30 y 49 años. Las personas de entre 50 y 64 años constituyen el 11% de la población de Instagram, mientras que solo el 4% tiene 65 años o más. Así que, si su negocio está dirigido a la tercera edad, probablemente sería mejor que se llevara su inversión publicitaria a otra parte. Sin embargo, si su marca se ocupa de productos o servicios que son adecuados para los grupos de edad más jóvenes, entonces la publicidad de Instagram sería una excelente manera de llegar a su público objetivo.

En cuanto a la segmentación geográfica, alrededor del 32% de los usuarios de Instagram viven en zonas urbanas, el 28% en los suburbios y el 18% en el campo. Las mujeres superan a los hombres en esta plataforma, pero la brecha de género está disminuyendo constantemente.

Instagram, como la mayoría de las plataformas de redes sociales, ofrece a los anunciantes un control completo sobre su público objetivo, como el género, grupos de edad, localizaciones, comportamientos e intereses. La aplicación aprovecha los datos demográficos masivos y bien establecidos de Facebook para dirigir sus anuncios a las audiencias relevantes.

Esto hace que la publicidad de Instagram sea una herramienta muy poderosa para los anunciantes que buscan dirigir nichos específicos a clientes potenciales.

El costo de los anuncios de Instagram

Determinar el precio de los anuncios en las plataformas digitales no siempre es una tarea sencilla, e Instagram no es la excepción. Hay varios factores que influyen en el costo de sus anuncios y varias formas de administrar su presupuesto según este.

Factores que influyen en el costo

El modelo de publicidad de Instagram se basa en los métodos CPC (costo por clic) y CPM (costo por mil), y los precios se determinan mediante subastas de Instagram. Estos datos son obviamente confidenciales. Incluso su público objetivo y la retroalimentación que obtiene de sus anuncios tienen el potencial de influir en los costos de los anuncios.

De acuerdo con la información de AdEspresso, que se basa en el seguimiento de anuncios de Instagram valorados en 100 millones de dólares en el 2017, el costo promedio de los anuncios de CPC en la plataforma durante el tercer trimestre del año osciló entre 0,70 y 0,80 dólares. Tenga en cuenta que esto es solo un vago punto de referencia para darle una idea básica de los costos involucrados en la publicidad de Instagram. Estos precios varían según la subasta, el lugar, la audiencia, la hora del día, el día de la semana, etc.

¿Cómo puede controlar los costos?

Como los anuncios que se dirigen a un nicho específico tienen altas tasas de *engagement*, los anuncios de Instagram de esta naturaleza podrían terminar costándole más que una campaña similar en Facebook. Según algunos anunciantes, el costo de los anuncios de Instagram podría ser tan alto como 5 dólares por CPM. Los anunciantes pueden decidir cómo se gasta el presupuesto de sus anuncios. Pueden establecer un límite de gasto diario o establecer un presupuesto de por vida y continuar la campaña hasta que se agote el presupuesto establecido. Los anunciantes también pueden controlar el horario de los anuncios (un intervalo de tiempo específico durante el día), el método de transmisión de los anuncios (clics en los enlaces, alcance diario único, impresiones) y el importe de la oferta (manual o automático).

¿Cómo anunciar en Instagram?

Ahora que hemos establecido claramente el potencial de marketing de la publicidad de Instagram más allá de cualquier duda razonable, veamos cómo montar una campaña. La buena noticia es que, si ya está familiarizado con la forma en que funciona la publicidad en Facebook, entonces configurar los anuncios de Instagram no es gran cosa. Es tan fácil que pueden ser configurados a través del propio Administrador de Anuncios de Facebook.

¿Ya se está anunciando en Facebook? Si no, lo guiaremos a través del proceso de configuración del Administrador de Anuncios de Facebook para que pueda ejecutar su campaña publicitaria de Instagram a través de él. Hay que tener en cuenta que Instagram no tiene su propio gestor de anuncios, por lo que necesita configurar el Administrador de Anuncios de Facebook. Después de acceder a la cuenta de Facebook, vaya a la sección del Administrador de Anuncios, y determina el objetivo de su campaña. La interfaz es tan intuitiva que los objetivos se explican por sí mismos. Los anuncios de Instagram trabajan para objetivos como los siguientes:

- **Conciencia de marca**

Si elije esta opción, simplemente selecciónela y luego siéntese y relájese mientras Instagram hace su magia para llevar sus anuncios a usuarios potenciales que probablemente estén interesados en su negocio. La plataforma es muy reservada en cuanto a la lógica y al algoritmo detrás de esta campaña, pero produce resultados a medida que usuarios nuevos y relevantes exponen a su marca.

- **Tráfico**

Puede elegir entre dirigir el tráfico a su sitio web o a la tienda de aplicaciones donde las personas puedan descargar su aplicación. Lo único que tiene que hacer es seleccionar una de estas opciones en el menú "Tráfico" y pegar el enlace correspondiente allí. Después de esto, solo queda monitorear el alcance del aumento de tráfico y medir la efectividad de su campaña publicitaria de Instagram.

- **Alcance**

Si busca maximizar el número de usuarios que ven sus anuncios, entonces debe seleccionar primero su cuenta Instagram antes de poner en marcha la campaña publicitaria. Puede aprovechar la función de Facebook's Split Testing, que le permite probar dos anuncios diferentes para ver cuál da mejores resultados. Si en este momento está ejecutando anuncios en las historias de Instagram, "Alcance" es el único objetivo que puede utilizar por ahora.

- **Engagement**

El *engagement* es una gran manera de generar *leads* o clientes potenciales para su negocio, por lo que es uno de los objetivos más populares. Sin embargo, a diferencia de Facebook, donde puede pagar por "*engagement* en publicaciones" o "respuestas a eventos", actualmente el programa solo le permite pagar por "e*ngagement* en publicaciones".

- **Instalación de la aplicación**

Configurar la instalación de la aplicación como objetivo —para que más usuarios descarguen su aplicación— es tan simple como seleccionar cualquier otro objetivo. Todo lo que tiene que hacer es seleccionar su aplicación en la tienda de aplicaciones durante la configuración.

- **Conversión**

Este objetivo busca llevar a su público objetivo a tomar acción, es decir, conseguir que su público realice la acción que se planteó en la campaña. Esto significa usar anuncios para que los usuarios compren algo de su sitio web o de su aplicación. Para poder utilizar este objetivo, es necesario configurar su código de Facebook Pixel, o un evento en la aplicación, basado en su sitio web o en la aplicación que esté comercializando. Una vez que termine esta configuración, puede hacer un seguimiento de las conversiones.

- **Vistas en los videos**

El objetivo de las vistas en los videos no requiere ninguna configuración adicional. El contenido de los videos siempre requiere que invierta una cantidad significativa de tiempo, dinero, esfuerzo y creatividad. Siempre es una buena idea pagar para obtener más vistas en su contenido. Así, la plataforma lo pone en el radar de un público objetivo considerable para lograrlo.

Seleccione su público objetivo

Una vez que haya seleccionado un objetivo adecuado para su campaña publicitaria, el siguiente paso es configurar el tipo de audiencia a la que se dirige. Si usted ya es un anunciante de Facebook, las cosas serán muy simples, ya que tendrá diferentes tipos de bases de audiencia ya seleccionadas. Si no está familiarizado con esto, no se preocupe, no es tan difícil. Así es como se hace:

- **Ubicación**

Puede elegir un país, estado, región, ciudad, o código postal específico. Incluso puede excluir o incluir ciertos lugares.

- **Edad**

Puede elegir cualquier rango de edad desde 13 años hasta más de 65 años.

- **Género**

Puede dirigir la campaña a hombres, mujeres, o a todos.

- **Idiomas**

Si el idioma en el que se dirige no es común en su lugar de destino, es mejor dejar esta opción en blanco. Incluso Facebook recomienda lo mismo.

- **Demografía**

Esta sección, que entra en "Objetivo detallado", es poderosa y ofrece una configuración detallada. Tiene varias subcategorías de varias capas que le permiten llegar a un nicho específico. Solo tómese el tiempo suficiente para explorar todas las opciones posibles para decidir el grupo de personas a las que dirigirse.

- **Intereses**

Esto también entra en la categoría de "Objetivo detallado". Puede explorar varias subcategorías para encontrar usuarios que se interesen por lo que usted está promocionando. Por ejemplo, puedes dirigirse a usuarios a los que les gustan los automóviles, los viajes, un género específico de películas, etc.

● **Comportamiento**

Como ya debe haberlo adivinado, esto también entra en la categoría de "Objetivo detallado" y viene con subcategorías y opciones aparentemente ilimitadas. Puede seleccionar su público objetivo en base a sus comportamientos de compra, sus trabajos, aniversarios, etc.

● **Conexiones**

Esta opción le permite dirigirse a los usuarios que están conectados a su página, aplicación o evento de Instagram.

● **Audiencia personalizada**

Esta opción necesita un poco de preparación de su parte. Le permite seleccionar personalmente a su público objetivo y subir una lista de contactos para que pueda llegar específicamente a los clientes potenciales que usted eligió. Esta opción también es muy útil para llegar a los clientes con la intención de vender empleando el *upselling*.

● **Audiencia parecida**

Si está contento con la forma en que su base de audiencia personalizada está respondiendo a la campaña publicitaria, puede configurar el anuncio de Instagram para que busque una "Audiencia Parecida". Esta función encontrará a usuarios de Instagram con características similares a su base de audiencia personalizada original.

Una vez que haya terminado de configurar su público objetivo, el Administrador de Anuncios de Facebook le dará una idea de cuán específica o genérica es su base de audiencia. Si es demasiado específico, su exposición estará limitada, mientras que, si es demasiado genérico, el alcance su campaña publicitará se debilitará. Puede reconfigurar su público objetivo para lograr un buen equilibrio antes de que decida abandonar la campaña.

La colocación de los anuncios

Otro elemento importante que debe determinar es la colocación de los anuncios. Si lo deja en "Automático", el anuncio se publicará tanto en Facebook como en Instagram. Si ha creado el contenido de su anuncio específicamente para Instagram, entonces debe ir a "Editar colocación" y seleccionar "Instagram".

Presupuesto y programación

Si estás familiarizado con los anuncios de Google, conocidos como AdWords, el procedimiento es muy similar en Instagram. Ahora, si usted es nuevo en el mundo de los anuncios digitales, entonces tendrá que implementar una estrategia de ensayo y error para determinar la programación u horario de sus anuncios, el presupuesto diario y el presupuesto de por vida.

Crear anuncios de Instagram

Una vez que haya completado todos procedimientos anteriores, lo único que le queda por hacer es subir el contenido del anuncio que ha creado y poner en marcha la campaña. Los anuncios de Instagram pueden ser creados en los siguientes formatos: imágenes para el feed, imágenes para las historias, videos para el feed, videos para las historias, imágenes en carrusel para el feed, e historias usando la función de lienzo. Cada uno de ellos tiene sus requisitos técnicos en cuanto a tamaño, memoria, etc., y dependiendo del tipo de contenido del anuncio, las opciones de objetivos disponibles pueden variar.

Para concluir, la publicidad de Instagram puede ser extremadamente productiva para su marca o negocio. Al ser una plataforma multimedia, Instagram le permite diseñar excelente contenido publicitario que sea creativo. Llene su contenido publicitario con personalidad y relevancia contextual para que sea testigo de cómo sucede la magia.

PARTE 3: MARKETING DE INFLUENCIA

Capítulo 11: ¿Qué son los influenciadores y por qué los necesita?

Recientemente, el término "marketing de influencia" se ha vuelto viral. Es considerado una de las principales estrategias de marketing en el mundo actual de las redes sociales. Es por ello que los influenciadores están siendo contratados a escala masiva para promover marcas e impulsar las ventas. Al principio, el impacto de los influenciadores y del marketing de influencia no era tan obvio. A medida que más gente se unía a las plataformas de redes sociales como Instagram y YouTube, se dio un impulso a los blogueros y a los influenciadores que empezaron a desarrollar una sólida base de fans y seguidores.

De todas las plataformas, Instagram tiene la tasa de *engagement* más alta, la cual es de 3,2%, comparada con el 1,5% de otras plataformas de redes sociales. Este nivel de *engagement* también es impulsado por el contenido producido por los influenciadores.

¿Cómo se definiría a los influenciadores?

Los influenciadores son como mini-celebridades que literalmente tienen una "influencia" en la gente. Cada influenciador tiene un lenguaje específico y un nicho dentro del cual son reconocidos instantáneamente. Hoy en día se pueden encontrar influenciadores en todo tipo de disciplinas, como los blogueros de viajes o de moda, periodistas, fotógrafos y conferencistas.

A medida que más gente se unía a las redes sociales en los últimos cinco o seis años, los usuarios comenzaron a seguir a las personas que dan consejos sobre moda, viajes, acondicionamiento físico, maquillaje y vida. Así fue como nació el término "influenciador" (del inglés "influencer"). Los profesionales del marketing en todo el mundo se dieron cuenta del impacto que los influenciadores tenían en sus seguidores, por lo que acuñaron el término "marketing de influencia". Comenzaron a incluirlo en sus planes de marketing en lugar de usar las estrategias de autopromoción de la vieja escuela. Nada más en el año 2017, el 86% de los comerciantes contrataron a influenciadores para promover sus marcas y aumentar las ventas. Los siguientes tres años vieron un enorme aumento del 1.500% en la investigación relacionada con el marketing de influencia.

Hoy en día, el mundo de Instagram tiene más de 500.000 influenciadores de todas las escalas.

¿Cuáles son los beneficios de contratar a influenciadores?

Una base de seguidores masiva

A menos que planee contratar micro-influenciadores, quienes tienen menos seguidores que los mega-influenciadores o las celebridades de fama mundial, obtendrá el gran beneficio de conseguir un número masivo de clientes potenciales. Conseguirá un buen número de seguidores para su cuenta, incluso si solo un pequeño porcentaje de los espectadores decide seguir su marca. Si sus productos son prometedores, los seguidores se inclinarán a comprar algo en algún momento, convirtiéndolo en una ventaja a largo plazo. Los fans también confían en las sugerencias de los influenciadores. Por ejemplo, un estudio reveló que el 33% de la población de la Generación Z que seguía a ciertos influenciadores confiaba en sus elecciones de comprar un producto.

Las personas confían en su palabra

Como la gente sigue a estos influenciadores por sus opiniones expertas y consejos profesionales, tienden a confiar en todo lo que dicen. De alguna manera establecen una relación amistosa e informal con sus fans, quienes ven en ellos personas en las que pueden confiar. Más de la mitad de los influenciadores son auténticos y se mantienen fieles a sus palabras, lo que es aplaudido por sus seguidores. Muchos de ellos también son considerados como modelos a seguir por haber establecido su propia identidad sin depender del nepotismo. Los vendedores se aprovechan de esta confianza, así como de la relación entre los influenciadores y sus seguidores, y pagan a los influenciadores para que promuevan sus productos. Dependen del hecho de que cualquier información proporcionada por estos influenciadores va a ser recibida positivamente por sus seguidores, lo que puede conducir a mayores ventas.

Este tipo de comercialización indirecta también da a los consumidores la oportunidad de darse el gusto de adquirir nuevos productos sin enfrentarse a la presión de comprarlos, por lo que es una estrategia de comercialización matizada que tiene mayores posibilidades de éxito. Aunque los consumidores son conscientes de que se trata de contenido patrocinado, siguen considerando el consejo como fiable y honesto.

Un público objetivo altamente involucrado

Dependiendo del nicho de ciertos influenciadores y su estilo, pueden llegar a tener un público muy involucrado con su contenido. Sus seguidores toman sus consejos y los siguen por una razón. Si sus productos o servicios se dirigen a un determinado grupo, es necesario enumerar a los influenciadores con los que desea colaborar. Por ejemplo, si su empresa se centra en la fabricación de productos para la piel, necesita dirigirse a los blogueros de maquillaje y belleza de su zona o país. En este caso, su público objetivo será probablemente la población femenina dentro de un rango de edad de 18 a 35 años. Esta táctica no solo le ayudará a llegar a un público objetivo importante, sino también a crear *engagement*, lo que puede ser muy beneficioso para su marca.

Un gran ejemplo de una marca que recientemente se ha basado únicamente en el marketing de influencia, sin producir ningún comercial, es Daniel Wellington. La marca, que es líder en el área de diseño de relojes, tuvo que correr este riesgo para entender mejor los patrones de venta y recibir la retroalimentación de la audiencia.

Una forma creativa de anunciar sus productos

Tomando en cuenta la gran cantidad de contenido que se produce la plataforma cada día, los seguidores pueden aburrirse fácilmente cuando ven publicaciones repetitivas. Aunque parezca fácil, es un gran desafío mantener a su audiencia entretenida con cada publicación. Hay muchas mentes creativas que se esfuerzan por crear contenido excelente, lo que puede hacer que la plataforma se sature en algún momento. A menudo puede sucederle que hace una lluvia de ideas para producir contenido fresco y aun así no conseguir ninguna idea innovadora.

Es entonces cuando contratar a influenciadores puede ayudar. Los seguidores de los influenciadores prefieren el contenido que ellos producen, pues tienen su propio estilo de hacerlo. Así, ellos pueden promover los productos a su manera, usando el estilo que agrada a sus seguidores. Esto le da una ventaja diferente a su marketing y sus seguidores podrán ver contenido fresco, lo que resulta en más *engagement* de los seguidores nuevos y antiguos.

Un gran retorno de la inversión

Ya hemos hablado de la importancia del retorno de la inversión (ROI) cuando hacemos marketing en las plataformas de redes sociales, pues se necesita mucho esfuerzo, tiempo y dinero para producir contenido que pueda atraer a su audiencia. Los influenciadores le proporcionan a las pequeñas marcas y compañías una gran ROI, incluso con un presupuesto fijo. Inicialmente, pagar grandes cheques y dar regalos durante los concursos de los influenciadores que usted contrató le puede parecer caro. Pero como discutimos, los influenciadores tienen un gran impacto en sus seguidores, así que podemos anticipar y calcular el retorno de la inversión en consecuencia.

Según las estadísticas y los números, puede esperar ganar un promedio de 6,50 dólares por cada dólar gastado, lo que lo hace casi seis veces más beneficioso. Para tener un retorno exitoso de la inversión, solo necesita definir un plan, determinar sus objetivos y establecer los indicadores clave de rendimiento (KPI) apropiados. Además, es importante definir el objetivo principal de cada campaña. No importa si necesita impulsar el *engagement* y aumentar los me gusta y el número de veces que se comparten las publicaciones y los comentarios, o si necesita generar más ventas, dirigirse a los influenciadores y establecer estrategias relevantes lo ayudará enormemente.

Los micro-influenciadores y los nano-influenciadores

Como el nombre lo sugiere, los micro-influenciadores y los nano-influenciadores son aquellos que tienen un pequeño número de seguidores en comparación con las grandes celebridades. Sin embargo, tienen una gran tasa de *engagement* con sus seguidores. Básicamente, estos tienen 100.000 seguidores o menos. Un tercio de los canales pertenecen a micro-influenciadores con un número de seguidores entre 10.000 y 100.000, y solo el 1% son mega-influenciadores con más de 5 millones de seguidores. Así, usted puede comparar su impacto relativo y significativo en la audiencia y beneficiarse de él.

Existe una diferencia mínima entre los términos micro-influenciador y nano-influenciador. El primero tiene un entre 10.000 y 100.000 seguidores y el segundo entre 1.000 y 10.000. En comparación con los nano-influenciadores, la opinión de los micro-influenciadores es mejor recibida y están motivados crear contenido que se ajuste a su audiencia. Sin embargo, vamos a hablar de ambos grupos en un sentido colectivo, dada su alta tasa de compromiso.

Hay tantos influenciadores en Instagram que seleccionar y contratar a un grupo en particular puede ser estresante. Dentro de esta población, recomendaríamos contratar micro-influenciadores y nano-influenciadores, en lugar de los principales blogueros o celebridades de Instagram, por una serie de razones.

Estos son algunos aspectos que debe tomar en cuenta a la hora de contratar micro-influenciadores para sus campañas de marketing:

➢ Dependiendo del alcance y el número de seguidores que tengan, los micro-influenciadores a pequeña escala están dispuestos a intercambiar productos gratuitos o a exigir una cierta cantidad de dinero para promover sus productos. Es necesario dirigirse a estos influenciadores de manera inteligente dependiendo de la base de fans y demandas que tengan, y lo más importante, de acuerdo a su presupuesto.

➢ Un gran aspecto acerca de los micro-influenciadores es que normalmente son bastante abiertos y genuinos en sus opiniones. El verdadero secreto detrás de su popularidad es el contenido asombroso que crean. En comparación con los mega-influenciadores, estas personas están más conectadas con su público. Eso es porque pueden responder fácilmente a cada comentario y mensaje privado, haciendo que la gente se sienta escuchada e importante.

➢ Según las estadísticas, ellos tienen un mayor *engagement* y alcance en la audiencia que los blogueros que tienen más de 100.000 seguidores. De hecho, tienen el doble o más que los otros grupos. Esto le da a su marca el beneficio de llegar a una audiencia más amplia con una tasa de compromiso aún más alta, término acuñado como ER. Según un estudio realizado por HypeAuditor en enero de 2019 sobre la tasa de *engagement* (ER) durante el mismo año, se descubrió que los influenciadores que tenían más de un millón de seguidores tenían una ER promedio de 1,97%; la ER de aquellos que tenían entre 100.000 y un millón de seguidores era de 2,05%; aquellos un número de seguidores entre 20.000 y 100.000 tenían una ER de 2,15%; la ER de aquellos con un número de seguidores entre 5.000 y 20.000 era de 2,43%; y finalmente, aquellos con un número de seguidores entre 1.000 y 5.000 tenían una ER de 5,60%. Usted puede usar estos datos para comparar el impacto de los principales blogueros que son micro y nano-influenciadores.

➤ Los micro-influenciadores tienden a poner más esfuerzo y tiempo en la creación de contenido de calidad. Descubren aspectos nunca antes vistos de su producto y crean contenido más específico para su categoría. Sus anuncios no solo son creativos y únicos, sino que también puede obtener muchos comentarios significativos de sus seguidores. A diferencia del contenido publicado en los canales principales, donde a menudo se pierden las opiniones de los clientes, los canales menores pueden darle acceso a todos los comentarios, mensajes privados y opiniones de sus clientes potenciales.

➤ Ellos también dependen de usted. Como mencionamos antes, muchos micro-influenciadores aceptan promocionar su marca y productos a cambio de un suministro gratuito de sus productos, en lugar de una remuneración monetaria. Esta colaboración es útil para ambas partes. Ellos pueden crear nuevo contenido, reunir *engagement* y recibir productos gratuitos. Usted, por otro lado, se ahorrará una gran cantidad de fondos y se mantendrá dentro de su presupuesto. En otras palabras, los micro-influenciadores son rentables.

➤ Por último, hay más alcance y creación de contenido con grupos de micro-blogueros en comparación con los principales influenciadores. En lugar de contratar solo a uno o dos mega-influenciadores que le cuesten la mitad de su presupuesto más los productos gratuitos, puede dirigirse a grupos de micro-blogueros que le exigirán menos dinero y generarán más contenido. 52% de los blogueros en Instagram tienen de 1.000 a 5.000 seguidores; el 33,4% de 5.000 a 20.000; el 8,2% de 20.000 a 100.000; el 6% de 100.000 a 1 millón; y solo el 0,3% de los blogueros tienen más de 1 millón de seguidores. Esto también aumenta sus posibilidades de llevar a cabo algunas campañas exitosas en lugar de una sola campaña ineficaz con un solo mega-influenciador. Todo esto resulta en una mayor personalización y una mejor forma de dirigirse a la audiencia de su nicho.

El marketing de influencia es tan prominente hoy en día que cada vez hay más influenciadores prometedores dentro de varias disciplinas que están intentando hacer lo mejor para ganar una sólida base de seguidores, por lo que eligen colaboraciones que importan. Esto también está dando un gran impulso al marketing de influencias, el cual no parece que vaya a detenerse pronto.

Ahora que le hemos presentado a los influenciadores y los beneficios de contratarlos para las campañas de marketing, en los siguientes capítulos vamos a profundizar en el proceso del marketing de influencia y los resultados que puede esperar de la contratación de nano, micro y mega-influenciadores este año

Capítulo 12: El proceso del marketing de influencia

Ahora que hemos visto quiénes son los influenciadores, cómo pueden tener un impacto positivo en su marca y cómo surgió el término "marketing de influencia", veamos paso a paso el proceso de marketing que los involucra.

¿Qué es el marketing de influencia?

En pocas palabras, el marketing de influencia implica asociar su marca con los influenciadores adecuados de una red social que luego la venderán a sus seguidores. Los influenciadores con los que se asocie no necesitan tener un gran número de seguidores en Instagram, pero deben dirigirse al nicho de su marca para que funcione. Por ejemplo, si para promocionar un restaurante usted utiliza un influenciador con un gran número de seguidores que se especializa en el sector de la vestimenta, no estaríamos hablando de una estrategia de marketing sólida.

Con el tipo adecuado de influenciadores, usted puede aumentar significativamente el reconocimiento de su marca, pues los seguidores de los influenciadores los admiran y suelen confiar en sus recomendaciones. Según informes, el 92% de las personas prefieren seguir las recomendaciones de boca en boca de alguien en quien confían que creer ciegamente en lo que dicen las marcas. Esto hace que los influenciadores sean un recurso importante para su campaña de marketing en las redes sociales, especialmente en Instagram.

Varias empresas pequeñas han informado que el marketing de influencia es una de las formas más rápidas de adquirir clientes y que el retorno de la inversión con esta estrategia puede multiplicarse por seis cuando se hace bien. De las empresas que ya están trabajando con influenciadores, el 59% está planeando aumentar el presupuesto dedicado al marketing de influencia.

El marketing de influencia en Instagram puede utilizarse para aumentar el reconocimiento de su marca, aumentar su popularidad entre el público objetivo e impulsar las conversiones al aumentar las ventas o inducir a los usuarios a realizar ciertas acciones, como visitar su sitio web o suscribirse a su servicio.

¿Cómo encontrar a los influenciadores adecuados para su campaña?

La forma más simple de encontrar al influenciador correcto en Instagram, uno que se especialice en su nicho, es buscándolo usando los hashtags relevantes. También puedes usar varias plataformas como Statista, que actualiza constantemente la lista de los 10 mejores influenciadores en varias plataformas de redes sociales en áreas como belleza, moda, comida, diseño y viajes.

Una vez que se obtiene una lista de influenciadores con los que quiere trabajar, siempre es conveniente hacer algunas diligencias antes de ponerse en contacto con ellos y hablar de una posible asociación. Sí, su contenido puede parecer impactante y su base de seguidores puede ser enorme, pero hay algunos aspectos que debe analizar antes de hacerles una propuesta.

Conocer la autenticidad del influenciador y saber qué tanto se ajusta a su marca son dos elementos muy importantes. De lo contrario, el influenciador no podrá promover su marca de manera honesta e inspiradora. También es importante ver la forma en que su contenido, imágenes y postura se alinearán con su marca.

Por supuesto, también hay que hacer un análisis cuantitativo del perfil del influenciador. Esto implica varios parámetros como:

➢ El número de seguidores, lo cual se traduce en alcance.

➢ El crecimiento de los seguidores, pues dice mucho sobre la capacidad del influyente para atraer nuevos seguidores.

➢ La proporción de me gusta en relación al número de seguidores, la cual es una forma de medir a tasa de *engagement* del influenciador.

No tiene sentido contratar a un influyente que tiene un gran número de seguidores sin tener en cuenta algunos puntos:

➢ A los seguidores puede que no les importe lo suficiente como para involucrarse con las publicaciones de los influenciadores.

➢ Los cambios de seguidores diarios, que puede indicar tácticas desagradables como la compra de seguidores o el "follow-for-follow", en el que las cuentas solo siguen a un usuario si este los sigue de vuelta.

➢ Análisis del grupo objetivo (para restar los bots y los seguidores falsos).

➢ Las menciones y las publicaciones de la cuenta (para comprobar si el influyente trabaja con alguno de sus rivales).

El concepto de marketing de influencia se está haciendo tan popular que varias agencias que ofrecen los servicios de influenciadores en redes sociales han empezado a aparecer en todo el mundo, como Social Match, hi! share that, etc. Estas plataformas de marketing de influencia actúan como intermediarios entre los anunciantes y los influenciadores. También actúan como mediadoras entre las dos partes y aseguran que toda la transacción sea justa para todos los involucrados. Si usted es nuevo en el mundo del marketing de influencia, acercarse a las plataformas de marketing de influencia para comenzar a explorar estas estrategias no es una mala idea.

Acercarse a los influenciadores

Una vez que haya creado su lista de influenciadores, es hora de contactarlos. Puede empezar siguiendo a los influenciadores, interactuar con su contenido y luego acercarse a ellos directamente pidiéndoles una cotización de sus servicios. También puede pedirles que revisen sus productos u ofrecerles patrocinar las iniciativas relacionadas con su marca, además de estar abierto a co-crear contenido con ellos. Un buen influenciador comenzará por averiguar más sobre su marca y sobre el tipo de papel que pueden desempeñar en la promoción de la misma.

Hacer una reseña del producto o patrocinar una iniciativa del influenciador serviría como un proceso de entrevista para ambas partes. En esta etapa usted podrá medir la capacidad del influenciador para generar *engagement* con su marca, mientras que el influenciador sabrá si la asociación será fructífera a largo plazo o no.

Un influenciador exitoso también es aquel que recibe solicitudes de colaboración de las principales marcas diariamente. Por lo tanto, su propuesta debe sobresalir del resto, y esto significa que debe ir al grano la primera vez que lo contacte, manteniendo todo simple y breve. Proporcióneles una breve descripción de su marca y sus valores, junto con un esquema de la campaña planeada y sus objetivos. Esta es una buena manera de empezar. La duración de la colaboración planeada también es un dato importante que debería comunicar. Si logra conseguir una respuesta del influenciador, es hora de compartir más información y explicar la estrategia de su campaña.

Negociar con los influenciadores

Una vez que ya esté en conversaciones con el influenciador adecuado, el siguiente paso es negociar los términos de la cooperación. Durante esta fase, es importante hablar de sus expectativas con claridad, para que pueda evaluar si el influenciador puede ayudarlo a alcanzar sus objetivos.

Dependiendo del tipo de influenciador con en el que se comprometa, puede que tengas que variar los incentivos. Por ejemplo, un micro-influenciador de su nicho podría estar conforme con un producto gratuito para su revisión, mientras que los influenciadores más grandes tendrán que ser persuadidos con grandes pagos e incluso con invitaciones a eventos exclusivos.

Una cosa que muchos influenciadores dicen es que "los anunciantes tienen que darnos algo de valor para que trabajemos con ellos". El dinero siempre es bienvenido, pero en muchos casos, dependiendo de la naturaleza de la colaboración, los influenciadores también aceptan productos o servicios a cambio de su trabajo de promoción. En resumen, tiene que hacerle una oferta sólida a los influenciadores para que acepten su propuesta de campaña. Pedirles que publiquen una historia que incluya un descuento en su producto para sus seguidores y prometerles una comisión marginal si se vende algún producto es un tipo de propuesta que los influenciadores bien establecidos suelen evitar.

Al final del día, los influenciadores son seres humanos como el resto de nosotros y no deben ser tratados como un medio publicitario. Así que, comunicarse con un toque personal y mostrar un interés real en su personalidad ayudará al proceso de construcción de la relación profesional. Esto también hace que la negociación de precios sea más fácil y transparente.

Incorporar a los influenciadores a su campaña

Ahora que ha terminado de negociar los términos y condiciones de la cooperación, es hora de que el influenciador se incorpore a la campaña. Durante este proceso, es imperativo lograr un delicado equilibrio entre dar al influenciador libertad artística y asegurar que respete ciertas especificaciones de la campaña para que esta sea exitosa. Optar por co-crear el contenido de la campaña de marketing con los influenciadores es una buena manera de combinar su atractivo único con la autenticidad de la marca.

El contrato debe incluir algunos aspectos como la duración y las fechas de entrega de la campaña, los hashtags y etiquetas necesarios, la cantidad de contenido y los canales implicados, la divulgación requerida de la cooperación remunerada (estas son cuestiones legales que dependen del país), la apariencia y la estética del contenido, el tono adoptado para el contenido, los derechos de uso del contenido bajo cooperación, la exclusión de los competidores en la publicación, etc.

La ejecución de la campaña

Cuando la campaña se pone en marcha, es importante mantenerse en contacto constante con sus influenciadores para estar al tanto del progreso. Apoyar a los influenciadores durante la campaña y estar abierto a sus peticiones le ayudará a construir una fuerte relación con sus socios publicitarios. Este seguimiento constante también le dará una valiosa visión de la utilidad de su equipo de influenciadores. ¿Con quién es difícil trabajar? ¿Quién es fácil de tratar? ¿Quién sigue mejor las pautas preestablecidas?

¿Qué hacer después de la ejecución?

¡Por fin! ¡Ya ha terminado de hacer una campaña publicitaria en Instagram usando influenciadores! Pero espere, las cosas no terminan aquí. Aún falta determinar la magnitud del éxito de toda la operación. Al revisar los KPI y medir el resultado de la campaña, puede determinar el desempeño de cada influenciador y cuánto valor han agregado a la campaña.

Dependiendo de la naturaleza de la campaña, los KPI pueden variar, pero los parámetros genéricos incluyen el crecimiento de seguidores en su canal Instagram (el número de seguidores que llegaron a la cuenta de su marca a partir de la cuenta del influenciador), la cantidad de contenido de la cooperación, el *engagement* (el número de me gusta, comentarios y *repost* o veces que se compartieron las publicaciones), la calidad de los comentarios, el valor mediático (el interés que el influenciador logró crear alrededor de su marca), y las menciones o etiquetas.

El principal objetivo de examinar la eficacia de la campaña después de la ejecución es identificar las posibilidades de mejora y evaluar cuál influenciador tuvo éxito y cuál no. Este conocimiento mejoraría enormemente su tasa de éxito cuando se trata de futuras campañas de publicidad que involucren a influenciadores de Instagram.

Retenga a los buenos influenciadores

Solo porque haya completado su campaña y no tenga planes de lanzar una nueva en el futuro inmediato, no significa que deba desconectarse de los buenos influenciadores que impulsaron su campaña hacia el éxito. Conseguir influenciadores adecuados que puedan identificarse con su marca y sus principios y añadir un valor real a una campaña publicitaria es más fácil de decir que de hacer. Es exactamente por eso que debe intentar, por todos los medios, de mantener una relación con los influenciadores adecuados que se extienda más allá de una sola campaña publicitaria.

Con la creciente popularidad del potencial del marketing en Instagram, el marketing de influencia continuará creciendo en importancia para las pequeñas, medianas y grandes empresas por igual. No importa si su empresa es un pequeño restaurante en una ciudad humilde o un gran fabricante de automóviles multinacional; siempre puede aumentar su potencial de comercialización en Instagram colaborando con los influenciadores apropiados y realizando campañas publicitarias interesantes y atractivas.

Capítulo 13: 5 Resultados del marketing de influencia que debería esperar

Como ya hablamos de los beneficios de contratar a los influenciadores y de los detalles del proceso, ahora vamos a hablar de los resultados, incluyendo cifras y números importantes. El marketing de influencia fue un éxito tan grande el año pasado entre todas las empresas nuevas y pequeñas que alrededor del 90% de las agencias de marketing aprobaron esta brillante estrategia de marketing. Si usted acaba de comenzar un negocio y planea promocionarlo en Instagram, le recomendamos encarecidamente que eche un vistazo a las cifras y las tome en cuenta para aplicarlas a sus estrategias.

Algunos datos importantes

Aumento del presupuesto destinado al marketing

Dos tercios de los negocios en Instagram planean aumentar el presupuesto que dedican al marketing este año. Al ser testigos del aumento de los influenciadores y el éxito del marketing de influencia en los últimos dos años, el 63% de los vendedores están dispuestos a aumentar su presupuesto para contratar influenciadores para promover sus productos y marcas. Un asombroso 98% de las empresas que ya han recurrido al marketing de influencia planea mantener el mismo presupuesto para este o aumentarlo en el año 2020.

Nichos de los influenciadores populares

Entre los diversos tipos de blogueros que se han extendido ampliamente a diversas disciplinas, ciertos nichos son muy populares entre los usuarios. Los influenciadores con mayor número de seguidores parecen estar en el negocio del entretenimiento, cuyos seguidores componen el 47% del total de los usuarios. Le siguen los blogueros de belleza y las celebridades, con el 43% de los usuarios siguiéndolos; y luego los blogueros de moda, con el 39% del total de seguidores.

El tipo de contenido preferido

Cuando contrate a influenciadores, puede hablar con ellos sobre el tipo de contenido que producirían y lo que espera de ellos. Muchos influenciadores prefieren producir videos e historias en lugar imágenes y texto, ya que estos venden más y son altamente interactivos. Y por una buena razón, el 64% de los usuarios prefieren ver videos, mientras que el 61% prefiere imágenes y tan solo el 38% prefiere leer contenido en formato de texto. Alrededor del 44% de los seguidores prefiere ver e interactuar con videos en directo. Por lo tanto, cuando su influenciador presente el borrador sobre el tipo de contenido que producirá, puede anticipar un aproximado del tipo de *engagement* que recibiría y ajustar el contenido en consecuencia.

El descubrimiento de productos

Sobra decir que la mayoría de los usuarios que siguen a los grandes y pequeños influenciadores descubren ciertos productos a través de ellos. Mientras que el 41% de los consumidores descubren nuevas marcas y productos semanalmente, el 24% descubre nuevos productos todos los días a través de los influenciadores. Por otro lado, los consumidores que no encuentran nuevos productos o marcas a través de influenciadores representan menos del 1% de los seguidores. Las estadísticas muestran que el 87% de los consumidores tienden a comprar un producto después de ser "influenciados" por la recomendación del influenciador.

Entre muchas otras estadísticas y datos, estamos seguros de que estos números despertarán algunas expectativas en usted, las cuales debería tener presentes después de lanzar una campaña de influencia.

¿Qué esperar cuando lance una campaña de marketing de influencia?

Una vez que haya contratado a los influenciadores adecuados según su categoría, público objetivo y presupuesto, debe esperar al menos de dos a cuatro meses antes de ver los resultados previstos. La paciencia es la clave aquí. Mientras redacte el plan de la campaña, debe esperar durante tres meses antes de empezar a ver resultados. Es posible que en algunas ocasiones deba esperar un poco más, así que prepárese para eso.

Aquí presentaremos algunos enfoques básicos para esbozar y ejecutar una campaña, junto con la línea de tiempo aproximada. Aunque en el capítulo anterior se explicó detalladamente el enfoque del marketing de influencia, señalaremos las expectativas que hay detrás de cada paso y los procesos de reflexión que se llevan a cabo para planificarlo.

Esto le dará la idea de una campaña de simulación que será útil una vez que comience, junto con los resultados que puede esperar.

Prepare un borrador para su campaña

El borrador debe incluir todos los objetivos y metas que quiera alcanzar a través de la campaña de influencia junto con las expectativas que tiene de los influenciadores que ha contratado. Hemos discutido algo de esto en los capítulos anteriores, pero esta vez vamos a profundizar más. Aquí hay algunos objetivos que deben ser delineados o esperados de la campaña.

Resultado 1: Aumentar la identidad y la conciencia de marca en general

Dado que ciertos influenciadores se aferran a causas éticas y a principios de concientización pública, sus seguidores respetan y confían en cada palabra que dicen. Si contrata a tales influenciadores para que promocionen su marca, el nombre de su empresa está destinado a crecer y cada vez más gente le reconocerá a usted y a sus productos. Como ya sabe, ellos tienen un mayor alcance con las personas de su nicho de audiencia, quienes están dispuestas a seguir los consejos de sus modelos a seguir. Casi la mitad del total de seguidores tiende a seguir el consejo de un influenciador al comprar productos, lo que incluye a seis de cada diez adolescentes en las redes sociales. Entre todos los usuarios, el 86% de las mujeres confían en las redes sociales para encontrar recomendaciones sobre los artículos a comprar.

Resultado 2: Impulsar las ventas y generar ingresos

Una de las razones principales para contratar a influenciadores es para impulsar las ventas y generar ingresos. Estamos seguros de que este también sería uno de sus principales objetivos. Incrementar la conciencia de marca no es suficiente por sí solo. Ya que está invirtiendo mucho tiempo y dinero en el marketing de influencia, definitivamente quiere que impulsar sus ventas se convierta en un objetivo.

Resultado 3: Contenido generado de forma creativa

En algunas ocasiones, el contenido generado por los influenciadores puede ser más creativo que el de los creadores de contenido y la agencia de marketing de su propia empresa. Si ese es el caso, este contenido creado específicamente para su marca se agregará a los archivos de su campaña creativa para que quede registrado y pueda ser reutilizado en el futuro para otras campañas. Esto resultará en contenido generado por el usuario que puede ser compartido a través de varias plataformas de redes sociales. Obtener contenido de sus seguidores es otro elemento interesante que podemos incluir aquí. Básicamente, los influenciadores pueden hacer concursos o pedir a sus seguidores que creen contenido usando sus productos. Esto no solo llevará a más ventas, sino que también tendrá más contenido para publicar en las plataformas de redes sociales.

Resultado 4: Aumente el retorno de la inversión

Dependiendo de sus estrategias de marketing de influencia, las marcas ganan alrededor de 6,50 a 20 dólares (normalmente el 13% de las marcas más importantes) por cada dólar gastado. El cálculo del retorno de la inversión (ROI) puede parecer un desafío al principio, pero poco a poco le irá cogiendo el truco una vez que entienda bien cómo. Para calcular adecuadamente el ROI, puede hacer un seguimiento del rendimiento de cada influenciador proporcionándole enlaces específicos que tengan los respectivos códigos de descuento y solicitar información sobre el tráfico conseguido. A continuación, es necesario definir indicadores clave de rendimiento (KPI) específicos para cada influenciador para comprender el *engagement*, el tráfico, la interacción y las conversiones que su contenido ha generado. También puede utilizar algunas herramientas externas que pueden calcular fácilmente el retorno probable de la inversión y determinar si alcanzará sus objetivos o no.

Resultado 5: Mantener la marca real y transparente

Muchas marcas se preocupan por la pérdida de autenticidad cuando se trata del marketing de influencia. La mayoría de los influenciadores son honestos y claros al expresar sus opiniones. Sin embargo, hay unos pocos blogueros por ahí que o bien proporcionan información falsa o solo los motivan los beneficios monetarios; y muchos usuarios de Instagram también creen eso. Esto lleva a las marcas a tener miedo de perder la autenticidad. Sin embargo, esto lo puede evitar si hace una investigación exhaustiva y si es consciente de los influenciadores que le interesa contratar. Dado que la mayoría de los seguidores ya confían en las opiniones de ciertos influenciadores, no tiene que preocuparse por perder la transparencia de la marca.

Elija y reclute a los influenciadores de forma inteligente

Elegir a los influenciadores adecuados para este trabajo es un paso crucial para obtener los resultados esperados. Puede considerar los siguientes tres factores para elegir a un grupo apropiado de influenciadores para su campaña:

1. Conozca su nicho y su público objetivo

Aunque pueda sonar repetitivo, realmente necesita elegir a los influenciadores que tienen un público objetivo específico para atender sus intereses. Por ejemplo, contratar a un bloguero de maquillaje para promover productos para bebés no tiene sentido. Su público objetivo debería ser las madres y las mujeres de entre 30 y 45 años, en lugar de un grupo de mujeres más jóvenes. Debe dirigirse al grupo que realmente estaría interesado en sus productos. Investigue sobre los influenciadores dentro su alcance y ubicación, pre-selecciónelos apropiadamente y luego reduzca sus opciones.

2. Evalúe la tasa de *engagement*

Dependiendo del alcance, la tasa de *engagement* y el tipo de contenido, cada influenciador tiene una tasa diferente de alcance y *engagement.* Como ya vimos en las estadísticas de los capítulos anteriores, a veces es posible que ciertos influenciadores tengan más seguidores, pero menos *engagement,* y algunos pocos pueden tener la mitad de los seguidores, pero más *engagement.* En este caso, es necesario comparar los números y las proporciones y elegir según ambos datos. Usted debe buscar una mayor tasa de compromiso y más seguidores dependiendo de la ER de su influenciador.

3. Considere el presupuesto

Anteriormente hablamos de la perspectiva presupuestaria que implica el marketing de influencia, de la que seguramente ya es consciente. Pero solo lo mencionamos aquí para que sepa qué esperar y evitar que cometa errores. Primero, definitivamente no debe excederse de su presupuesto contratando a un influenciador que cobre de más por cierta campaña. Siempre hay mejores opciones ahí fuera; solo sea consciente de ellas y realice su investigación. Como ya conoce los beneficios de contratarlos, tal vez quiera considerar trabajar con micro o nano-influenciadores.

Lance la campaña y compare resultados

Cuando tenga todo preparado, estará listo para lanzar la campaña y esperar a que sus influenciadores creen el contenido y lo promocionen según el período de tiempo elegido (probablemente entre tres y cinco semanas en promedio). Y como se ha mencionado, espere al menos dos o cuatro meses. Una vez que el período de espera haya terminado, revise y reflexiona sobre los resultados. Sin embargo, no es aconsejable comparar los resultados de cada influenciador que haya contratado entre ellos mismos, ya que tienden a funcionar de manera diferente.

Estas estrategias de marketing de influencia y los resultados que producen son seguramente interesantes. Sería una gran idea aprovecharlas este año, ya que el futuro se ve prometedor. Hablando del futuro, es hora de aprender más acerca de lo que nos espera en el 2021 en relación al marketing de influencia y los posibles escenarios que podría esperar para su marca.

Capítulo 14: El futuro del marketing de influencia

Estamos seguros de que ya está completamente familiarizado con los influenciadores, los beneficios de contratarlos y el proceso de marketing de influencia. Para terminar esta esclarecedora sección, vamos a discutir lo que esta estrategia tiene para ofrecerle en el futuro. Abriéndose camino constantemente para convertirse en una enorme industria de 8 mil millones de dólares este año, el marketing de influencia llegó para quedarse. Tanto es así que los escépticos que inicialmente negaron el crecimiento del marketing de influencia ahora están de acuerdo con el salto masivo y el éxito que ha tenido el mercado. De hecho, se predice que se elevará a 10 mil millones de dólares para el año 2022, lo cual es un período muy corto para un margen tan grande.

Como hemos mencionado antes, la mayoría de las marcas mantienen el mismo presupuesto o planean incrementarlo este año. Un ejemplo notable es la marca Estee Lauder, que está planeando canalizar el 75% de su presupuesto de marketing y publicidad al marketing de influencia. Las marcas están empezando a darse cuenta de la importancia de esta industria.

Aquí hay algunas predicciones sobre el marketing de influencia que debe tener en cuenta. Algunas de ellas también pueden tener un auge y convertirse en las principales tendencias que las marcas podrían seguir. Está aquí en el momento adecuado; solo tome nota de ellas antes de que se vuelvan grandes.

Tendencia 1: Los nano-influenciadores serán el centro de atención

Aunque hemos definido las diversas categorías de influenciadores en los capítulos anteriores, vamos a presentarlos de manera más detallada para una mejor comprensión. Los cinco tipos principales de influenciadores son los nano-influenciadores, que tienen entre 1.000 y 10.000 seguidores; los micro-influenciadores, que tienen entre 10.000 y 50.000 seguidores; los influenciadores de nivel medio, que tienen entre 50.000 y 500.000 seguidores; los macro-influenciadores, que tienen entre 500.000 y 1 millón de seguidores; y los mega-influenciadores, que tienen 1 millón de seguidores o más. Hasta ahora, las marcas han contratado principalmente a macro y mega-influenciadores debido a su mayor número de seguidores. Sin embargo, las agencias de marketing están empezando a darse cuenta de la importancia de los nano-influenciadores.

Estos traen un increíble retorno de la inversión (ROI) gracias a una alta tasa de *engagement* con una inversión muy pequeña. Ya hemos hablado de los beneficios de la contratación de nano y micro-influenciadores y puede ver por qué lo estamos enfatizando de nuevo. Las marcas han comenzado a buscar nano-influenciadores que puedan marcar una mayor diferencia con una mayor tasa de interacción en comparación con los casos en que han hecho una mayor inversión y han recibido una menor tasa de interacción. Además, con los influenciadores de pequeña escala, la calidad del contenido es fiable. Así que, en definitiva, la tendencia prevista para este año podría ser la contratación de un montón de nano-influenciadores que no le cuesten un ojo de la cara, en lugar de uno o dos mega-influenciadores que suponen un mayor riesgo de fracaso.

Tendencia 2: Los mega-influenciadores lanzarán sus propias líneas

Esta tendencia, que ya se está observando, seguirá evolucionando este año. Las marcas están dando pequeños pasos para acercarse a los influenciadores con la intención de colaborar y lanzar productos a su nombre. Aunque las marcas tienen que asignar un presupuesto masivo a esta práctica, están preparadas para hacerlo debido a la tasa de éxito prevista. Este es un avance con respecto a contratar a los influenciadores uno por uno. No solo es un gran movimiento de capitalización, sino también un riesgo masivo para lanzar una línea completamente nueva. Es una decisión que podría ser un gran éxito o un completo desastre.

Ahora bien, según experimentos anteriores, este movimiento tenido un éxito masivo. El uso de influenciadores para lanzar una línea significativa de maquillaje o de ropa ha convertido a los seguidores en clientes potenciales, consiguiendo enormes *leads* y generando ingresos. Los influenciadores también están buscando refugio en las grandes marcas para lanzar sus propias líneas. Se convierten en la cara principal del lanzamiento y tienen éxito al influir en la demografía más joven. Sea como sea, estas interesantes colaboraciones pueden predecirse como uno de los mayores cambios que se llevarán a cabo este año por las agencias de marketing.

Tendencia 3: Habrá eventos organizados específicamente para influenciadores

En los dos últimos años ya se han realizado eventos para influenciadores en los que se ha invitado a influenciadores de diversas escalas y se les ha nominado en diferentes categorías. Estos funcionan de la misma manera que los grandes eventos que se celebran para las mega-celebridades. Se espera que esta tendencia crezca este año. Un número de marcas se están reuniendo y patrocinando tales eventos para poner dar más exposición a sus influenciadores. Esto también les ayudará en las campañas y generará más conciencia de marca. Puede ser una entrega de premios, un cóctel, una reunión informal, o incluso un viaje a un país extranjero.

Estos influenciadores requerirían una invitación especial o serían la cara de la marca. Contribuyen haciendo fotos o videos que contienen momentos especiales del evento o viaje y publicándolos regularmente en sus canales de redes sociales. Esto le da a la marca un reconocimiento aún mayor. Un gran ejemplo de esto es la marca Revolve, que envía invitaciones especiales a influenciadores de alto nivel para eventos como Coachella. Se produjeron muchas historias, imágenes y videos, y la marca obtuvo mucho reconocimiento y *engagement* de esta manera. Parece que esta tendencia continuará este año y probablemente también seguirá evolucionando.

Tendencia 4: El marketing de influencia se convertirá en una estrategia obligatoria

Los métodos tradicionales de publicidad ya están menos involucrados en el mundo digital interactivo de hoy. El marketing de influencia ha demostrado ser una de las principales estrategias de interacción, pues puede crear *engagement* y convertir me gusta y publicaciones compartidas en clientes potenciales. Mientras las agencias de marketing experimentan con diferentes influenciadores y comparan resultados, cada vez más están planeando hacer de esta estrategia una táctica permanente debido a su éxito masivo. Es posible ver a muchas marcas promoviendo continuamente sus productos con la ayuda de los influenciadores. Tanto es así que algunas marcas están firmando contratos a largo plazo con influenciadores selectos. Las razones detrás de esto son simples: abordarlos y trabajar con ellos es fácil y pueden crear más interacción y *engagement* que las celebridades de alto nivel.

Esto también se debe a la relación que los influenciadores tienen con sus seguidores. Como hemos dicho, sus seguidores tienden a tomar en serio sus consejos y recomendaciones, y la mayor parte de su público confía en ellos al comprar ciertos productos. También se ha vuelto mucho más fácil para los vendedores calcular el retorno de la inversión pues son capaces de establecer mejores contratos y tienen una mejor comprensión del proceso.

Tendencia 5: Se impondrán reglas más estrictas

Se especula que se impondrán normas más estrictas a los influenciadores que planeen colaborar con cualquier marca. La Comisión Federal de Comercio (FTC por sus siglas en inglés) anunció que deben ser informados acerca de cualquier colaboración plausible entre las marcas y los influenciadores. Inicialmente, los blogueros de la plataforma se tomaron este anuncio muy a la ligera, pero ahora poco a poco se están volviendo más conscientes y cuidadosos al respecto. También conocidas como las Directrices sobre Influenciadores de la FTC, estas regulaciones se presentan para evitar patrocinios sin marca y falsos acuerdos entre dos partes. Estas reglas también fueron contempladas para evitar los anuncios falsos que los usuarios suelen encontrar en la plataforma.

En las directrices también se destaca el acuerdo que debe haber entre el influenciador y la marca para mantener las colaboraciones transparentes y auténticas. Esto se puede hacer si se señala la colaboración dentro del contenido para hacerlo visible o si se menciona en los videos. Sin embargo, con esto también se elimina la necesidad de revelar que hay una colaboración a través de hashtags en las publicaciones, cosa que nunca fue preferida por los influenciadores. Como estas reglas no eran tan prominentes antes, y pocos influenciadores las tomaban en serio, las agencias de marketing también las evitaban. Pero con el crecimiento de este mercado, se espera que este año las regulaciones sean más estrictas.

Tendencia 6: Más contenido en formato de video y podcasts

Lo hemos mencionado una y otra vez, pero no podemos dejar de resaltar la importancia del contenido en formato de video pues evolucionará más este año. Los podcasts están ganando mucha popularidad porque una gran cantidad de seguidores tiene muchas ganas de escuchar y ser "influenciados" por sus blogueros favoritos. Además, gracias a que el ancho de banda y los servicios de internet están mejorando, se está produciendo más contenido en formato de video y audio ya que se puede acceder a él más fácilmente. Como la mayoría de los usuarios (6 de cada 10) prefieren ver videos en lugar de ver televisión, más del 80% de las empresas y agencias de marketing están apostando por este tipo de contenido.

Aunque YouTube es la plataforma favorita para consumir contenido en formato de video y audio, la llegada de las historias de Instagram y los vídeos de IGTV ha aumentado el calibre y la oportunidad de crear vídeos en esta red social. Es una forma excelente de crear interacción y *engagement*. A finales del 2019, se hicieron alrededor de 29 millones de episodios de podcast y hubo unos 700.000 podcasts funcionando activamente. Este número no hará más que aumentar de forma constante este año. De hecho, el 51% de la población de Estados Unidos ha escuchado (o prefiere escuchar) un episodio de podcast, por lo que definitivamente es una gran estrategia que puede incorporar a su plan.

¡El marketing de influencia no se detendrá! Al contrario, solo va a evolucionar más en los próximos años, a menos que las redes sociales desaparezcan, lo que, por supuesto, es muy poco probable. Póngase al día con las tendencias antes de que también se conviertan en algo común. No es tan difícil como parece. Solo tiene que hacer un plan detallado y seguirlo para conocer todos los riesgos y obstáculos potenciales. Incluso si falla, encontrará una valiosa lección allí para usted.

Dicho esto, estamos seguros de que ahora está preparado para destacar entre la multitud y tener éxito con el marketing de Instagram. Todo el mundo está creando su nicho en esta red social masiva, así que es hora de que se ponga manos a la obra y se abra camino hacia el éxito. Como hemos visto una y otra vez en este libro, no es tan difícil. Solo tienes que ser creativo, prestar atención a los factores ocultos, crear un plan de contingencia y seguirlo de forma consistente. ¡Buena suerte!

Recursos

https://www.makeuseof.com/tag/what-is-instagram-how-does-instagram-work/

https://www.lyfemarketing.com/blog/why-use-instagram/

https://elisedarma.com/blog/why-instagram-best-platform

https://blog.hootsuite.com/instagram-statistics/

https://www.techuntold.com/instagram-pros-cons/

https://www.yrcharisma.com/2019/10/22/pros-and-cons-of-instagram-business-profile/

https://suebzimmerman.com/a-beginners-guide-to-getting-started-on-instagram-in-2019/

https://www.youtube.com/watch?v=6_qfwSMo_Js,

https://www.youtube.com/watch?v=K3cY_AGDBgU,

https://www.youtube.com/watch?v=o_q02EtWsUc

https://later.com/blog/ultimate-guide-to-using-instagram-hashtags/,

https://www.youtube.com/watch?v=I3uxif_AIFk,

https://www.youtube.com/watch?v=8JbDFbqguxo,

https://later.com/training/instagram-stories-small-business/,

https://www.youtube.com/watch?v=ZfzaLQKXVpg,

https://www.youtube.com/watch?v=d8U01W3DIG0,

https://www.youtube.com/watch?v=B2VxC4v_nxA,

https://www.youtube.com/watch?v=dvEQiuBDSVA,

https://thenextscoop.com/instagram-video-marketing/,

https://www.youtube.com/watch?v=k0Oe64_eS3Y

https://shanebarker.com/blog/rise-of-influencer-marketing/,

https://later.com/blog/instagram-influencer-marketing/,
https://mention.com/en/blog/influencer-marketing-as-a-small-business-owner/,
https://www.jeffbullas.com/influencer-marketing-for-small-business/
https://www.grouphigh.com/blog/small-business-guide-beginning-influencer-marketing/, https://influencerdb.com/blog/9-steps-influencer-marketing-process/,
https://blog.perlu.com/how-to-do-influencer-marketing/
https://izea.com/influencer-marketing-statistics/,
https://www.seoblog.com/3-types-roi-expect-influencer-marketing/
https://www.socialmediatoday.com/news/why-the-future-of-influencer-marketing-will-be-organic-influencers/567463/,
https://shanebarker.com/blog/future-of-influencer-marketing/?doing_wp_cron=1577632008.8945600986480712890625

https://www.contentfac.com/9-reasons-social-media-marketing-should-top-your-to-do-list/

https://www.oberlo.com/blog/social-media-marketing-statisticsht

https://www.smartinsights.com/social-media-marketing/social-media-strategy/new-global-social-media-research/

https://www.business2community.com/social-media/where-social-media-is-headed-in-2020-02266862

https://influencermarketinghub.com/social-media-trends/

https://www.socialmediatoday.com/news/6-key-social-media-trends-to-watch-in-2020/568481/

https://www.entrepreneur.com/article/343863

https://www.business2community.com/social-media/social-media-marketing-how-to-create-a-strong-personal-brand-02250816

https://thenextscoop.com/amazing-tips-help-personal-brand-grow-social-media/

https://blog.hootsuite.com/target-market/

https://promorepublic.com/en/blog/10-ways-find-audience-social-media/

https://devrix.com/tutorial/tips-grow-audience-stand-out-social-media/

https://www.lyfemarketing.com/blog/best-social-media-platforms/

https://buffer.com/library/social-media-sites

https://blog.hootsuite.com/how-to-advertise-on-facebook/

https://www.unboxsocial.com/blog/youtube-marketing-strategy2020/

https://www.youtube.com/watch?v=H3sIHuMMZec

https://www.youtube.com/watch?v=Ysm6CjDuKHs

https://digitalagencynetwork.com/best-twitter-marketing-strategies-to-use-in-2019/

https://blog.hootsuite.com/twitter-marketing/

https://coschedule.com/blog/how-to-use-instagram-stories/

https://later.com/blog/instagram-shopping/

https://www.youtube.com/watch?v=Q_xz4FMlljs

https://moosend.com/blog/snapchat-for-business/

https://www.entrepreneur.com/article/338115

https://shanebarker.com/blog/rise-of-influencer-marketing/

https://www.youtube.com/watch?v=popowMuKyjY

https://www.youtube.com/watch?v=vqd2pzP5cjw

https://www.youtube.com/watch?v=3frb1JFzEKE

https://www.netbase.com/blog/social-media-tools-2020/

Neil Patel: https://www.youtube.com/watch?v=bGQG_-OG6fs

Carlos Gil: https://www.youtube.com/watch?v=apmIEnJIOm8

Frazer Brookes: https://www.youtube.com/watch?v=LL5b4p3TXL8

www.ingramcontent.com/pod-product-compliance
Lightning Source LLC
Chambersburg PA
CBHW050637190326
41458CB00008B/2304